Corazón inmobiliario

Una guía práctica para emprender en el sector de los bienes raíces

Luz Stella Marulanda Parra
Dalia Carolina Hernández

EDITORIAL MONARCA

Corazón inmobiliario
Una guía práctica para emprender en el sector de los bienes raíces
Primera edición

Edición
© Editorial Monarca S.A.S., 2026
Calle 148 No. 107-50
director@editorialmonarca.com
https://editorialmonarca.com

ISBN impreso: 978-628-961-999-7

Editor
Editorial Monarca S.A.S.

Corrector de estilo
Christian Camilo Rodríguez Rodríguez

Diseño de portada
Juan Perdomo

Diagramación
Diahann Molano

Impresor
Imageprinting

Impreso en Colombia

Contenido

A Dios, por poner en mi camino a los maestros y profesores adecuados.

A mi madre, de quien aprendí el significado de tener casa propia y la importancia de la educación para romper el círculo.

Muy especialmente a mi esposo, por quien mis ojos brillan y mi corazón late. Porque un día me dio su voto de fe para dar el "sí, me caso". Porque confió en mis ideas y me apoyó incondicionalmente para fundar una inmobiliaria familiar. Gracias por despertar mi espíritu de escritora, por ser un espejo sincero y un maestro. Eres por quien viviría cien vidas. Te amo.

A mis sobrinos, por quienes respiro y sueño en un mundo mejor.

A aquellos que ya no están. Mi padre, quien siempre confió en su "mija"; a Lili, quien con su pronta partida me lleno de certeza para no aplazar sueños; a mis abuelos y tíos, de quien herede la vocación de llevar la palabra de Dios a quien más lo necesite, el amor propio y el valor de la libertad financiera.

LUZ STELLA

A Víctor Manuel (q. e. p. d.) y a Carmen Rosa, mis padres, por darme el infinito regalo de la vida.

A Diego, mi amado esposo, por haber dedicado su vida entera a hacerme feliz.

A Alejandro, mi hijo, por ser el cómplice constante de mis picardías.

Dalia Carolina

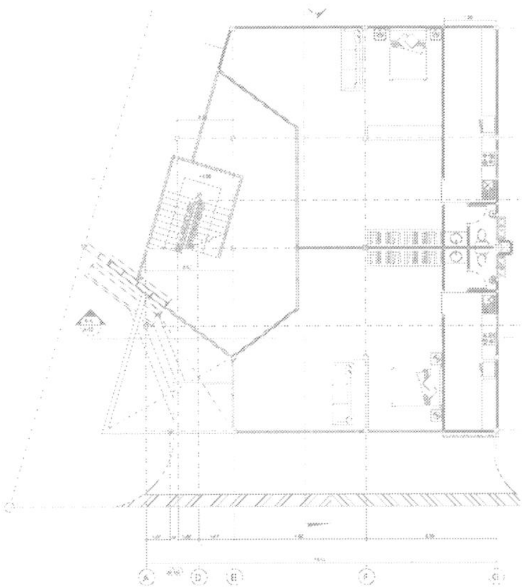

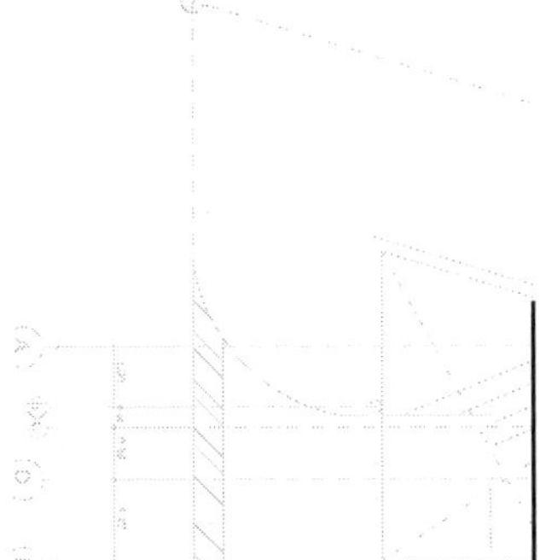

Agradecimientos

La culminación de esta obra es el testimonio de un esfuerzo compartido. Cada persona que ha formado parte de nuestras vidas merece los renglones de esta página, pero son tantas que no alcanzaría el libro entero.

Agradecemos a quienes nos enseñaron el valor de trabajar por una casa propia y la importancia de la educación como herramienta para transformar realidades. A las generaciones que nos siguen, por ser el aliento y la razón por la que buscamos dejar huella en un mundo mejor. A los amigos, clientes, antiguos jefes, consejeros y profesores: todos ellos, a su manera, han sido maestros que nos ayudaron a potenciar nuestro amor por el negocio inmobiliario durante esta última década.

Un agradecimiento formal y sincero a Carlos Devis, por la generosidad de sus palabras y por el respaldo brindado a estas autoras debutantes. Nuestra admiración será perpetua.

A todas las entidades del sector real y público que protegen a la niñez y la juventud, y que apoyan el emprendimiento y la creación de empresa. Su labor es el motor que permite que proyectos como este se conviertan en realidades con impacto social.

Escribimos con humildad, ilusión, respeto y amor profundo; con esfuerzo —mucho—, silencios y orgullo por el trabajo bien hecho, que al final rinde frutos.

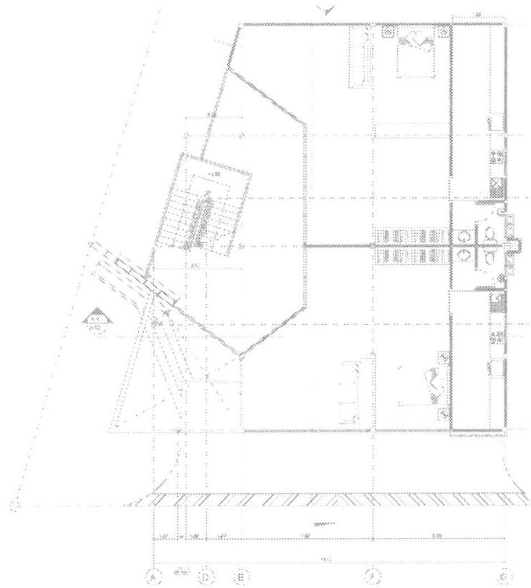

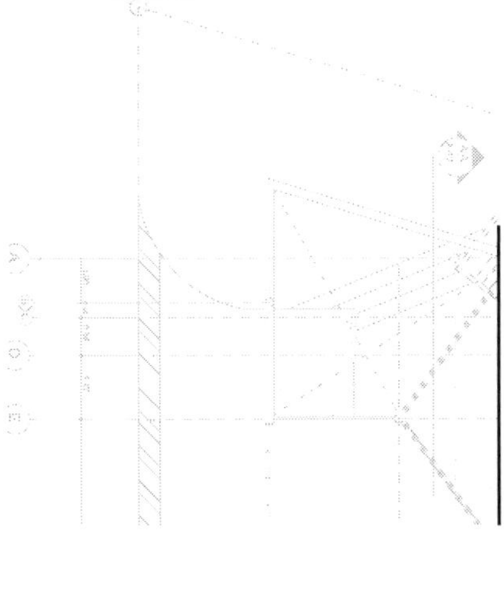

Prólogo

Cuando empecé en el mundo inmobiliario, creí —como muchos— que todo se trataba de números: precios, rentabilidades, metros cuadrados, tasas, oportunidades que se toman rápido antes de que otro las vea. Durante años aprendí a hacer cuentas, a negociar, a cerrar negocios, a ganar y a perder. Y sí, todo eso es importante. Sin técnica no hay resultados. Sin orden no hay negocio. Pero con el tiempo entendí algo que nadie me enseñó en los libros ni en los cursos: en bienes raíces no solo se mueven propiedades, se mueven vidas.

Cada inmueble tiene una historia. Detrás de cada venta hay un miedo, una urgencia, una ilusión o un cansancio profundo. Detrás de cada arriendo hay una familia que busca estabilidad, alguien que quiere empezar de nuevo o alguien que necesita cerrar un ciclo. Y detrás de cada inversionista yace una pregunta silenciosa que casi nunca se dice en voz alta: "¿estoy construyendo algo que me dé tranquilidad o solo estoy corriendo más rápido?".

Este libro nace de esa comprensión: de entender que el verdadero crecimiento inmobiliario no empieza afuera, sino adentro. Que no sirve de mucho acumular propiedades si por dentro uno vive apretado, ansioso o desconectado. Que el dinero puede dar opciones, pero solo el orden interno da paz. Por eso este no es únicamente un libro de estrategias inmobiliarias. Es un libro sobre personas que usan los inmuebles como herramienta para vivir mejor, no como una cárcel más sofisticada.

A lo largo de los años he visto a personas muy inteligentes fracasar en bienes raíces, no por falta de oportunidades, sino por falta de claridad emocional. He visto a otras, con pocos recursos y mucha humildad, construir patrimonios sólidos porque entendieron algo fundamental: el negocio inmobiliario exige cabeza fría, pero también corazón despierto. Exige saber decir no, saber esperar, saber retirarse a tiempo y, sobre todo, saber para qué se está jugando este juego.

Corazón inmobiliario no es una frase bonita. Es una forma de pararse frente a la vida y frente a los negocios. Es aprender a negociar sin traicionarte. A crecer sin pisotear. A ganar sin perderte. Es entender que la abundancia verdadera no se mide solo en dinero, sino en coherencia, en tranquilidad y en la capacidad de dormir bien por las noches.

Si tienes este libro en tus manos, probablemente no estés buscando solo información. Tal vez estás buscando sentido. Tal vez estás cansado de sobrevivir, de improvisar, de sentir que trabajas mucho pero avanzas poco. Tal vez intuyes que el mundo inmobiliario puede ser un camino, pero no quieres recorrerlo desde la prisa, el miedo o la ambición vacía. Si es así, este libro es para ti.

Aquí no encontrarás promesas rápidas ni fórmulas mágicas. Encontrarás principios, preguntas incómodas y herramientas concretas. Encontrarás la invitación a mirar tus números, sí, pero también a mirarte a ti. Porque cuando el corazón está en orden, los negocios fluyen mejor. Y cuando los negocios están alineados con tu vida, la paz deja de ser un ideal y se vuelve una experiencia cotidiana.

Este libro no pretende enseñarte solo a hacer negocios inmobiliarios. Pretende acompañarte a construir una vida más estable, más consciente y más tuya. Si eso resuena contigo, entonces estás exactamente donde necesitas estar.

Carlos Devis

Autor de *Un inmueble al año no hace daño*

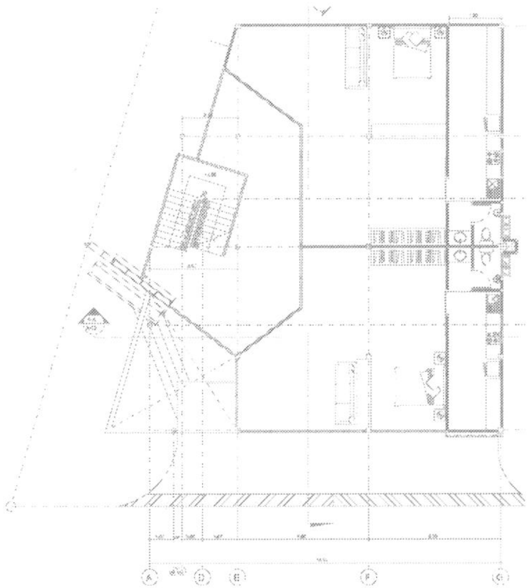

Introducción

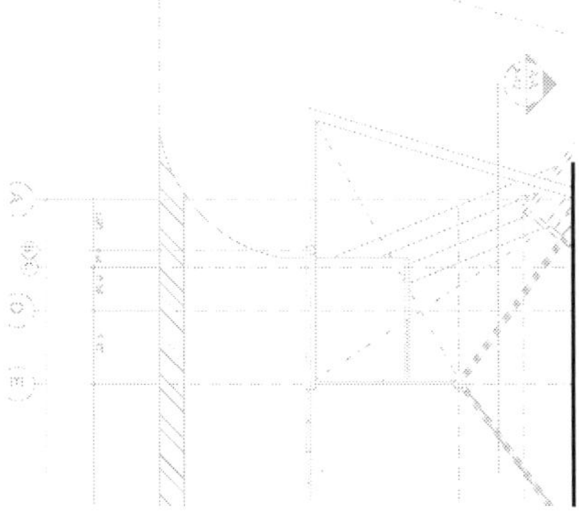

El mundo inmobiliario no es solo una casa, escrituras y llaves. Es, ante todo, un mundo de personas que construyen su propia forma de generar ingresos. Algunas lo hacen como independientes, desde la sala de su casa; otras se organizan y crecen como verdaderos empresarios. Para ambos es rentable. Para todos vale la pena.

Este mundo no juzga los motivos, no limita el acceso solo a los más jóvenes, ni excluye a nadie por la edad. No exige grandes estudios, ni requiere, para triunfar, ser brillante o contar con recursos extraordinarios. A diferencia de otros sectores, tampoco demanda grandes inversiones.

Esta forma de progresar está ahí, al alcance de todos. Esa es su magia. Y este libro es una guía para comprender lo esencial y empezar de una vez. Contiene el ABC, pero también estrategias para avanzar con mayor rapidez y crecer. Para quien ya tiene algo de experiencia, es un material útil para precisar conceptos, identificar oportunidades de mejora y escalar su negocio.

Es posible que usted haya querido comprar una casa y aún no haya podido hacerlo. Y la pregunta de siempre está ahí: ¿qué puedo hacer para mejorar mis ingresos sin poner en riesgo ni abandonar lo que ya tengo?

Estoy dispuesto a hacer algo, pero no es fácil. No quiero sacrificar el tiempo con mi familia a cambio de dinero y largas jornadas. Sé que hay negocios rentables, pero implican riesgos o requieren inversiones que no me puedo permitir en este momento.

Este libro ayuda a resolver ese dilema. Propone un paso rápido hacia la acción, para comenzar justo donde usted se encuentra hoy, con método, claridad y propósito.

Sabemos que cada puerta que se abre o se cierra en este negocio contiene una historia humana que habla en silencio. Después de leer este libro usted podrá ayudar a esas personas y hacerlo bien. Le enseñaremos cómo sacar ventaja de lo que ya posee: empatía, escucha, intuición, amor y respeto. Este es un negocio posible para quien trabaja con el corazón.

Tras la lectura, usted podrá ingresar a un inmueble con responsabilidad y claridad, atendiendo la necesidad y la energía de cada cliente, y cerrar negocios como un profesional del sector, incluso si nunca antes lo ha hecho.

Todas las partes del libro fueron escritas, borradas, reescritas —varias veces— y revisadas por ambas autoras. Si bien se incluyen temas técnicos propios de las disciplinas contable y legal, en los que cada autora afinó los detalles desde su especialidad, ambas compartimos una profunda curiosidad y pasión por los campos de la otra. Por eso somos la fusión perfecta entre la luz y el color.

Este libro está estructurado en tres partes que sugerimos leer en orden y de principio a fin, a la manera de un curso completo. Así se ha diseñado. Tras la primera lectura, usted puede volver a cualquier sección cuando necesite motivación, estructura o resolver una duda concreta frente a un negocio específico.

En la PRIMERA PARTE encontrará los principios generales y el contexto real de lo que implica trabajar y vivir del negocio inmobiliario. En la SEGUNDA PARTE se presentan los aspectos legales de los principales contratos utilizados en este sector. Hemos destacado en mayúsculas la jerga, el lenguaje habitual, para que usted se familiarice con el idioma inmobiliario y pueda retomar fácilmente lo esencial. En la TERCERA PARTE se abordan las particularidades de la actividad en el día a día. Incluimos lo práctico: aquello que le será útil apenas salga a la calle. Se ofrecen sugerencias de primeros pasos y advertencias sobre lo que no debe hacer. Se trata, pues, de una guía para personalizar, iniciar, mejorar y avanzar. Funciona tanto para quienes empiezan como para quienes ya tienen experiencia.

Nuestras reglas del juego

Vemos este libro como una secuencia de clases, organizadas a la manera de un curso inmersivo y, a la vez, reflexivo.

Al escribirlo recordamos con cariño a todos nuestros profesores —los del aula— y a nuestros maestros —los de la vida—. En homenaje a ellos, compartimos estas reglas del aula: lo que usted debe aportar para aprovechar al máximo estas páginas y aquello que consideramos útil para que continúe leyendo.

Mantra: el libro no hace magia, tú eres la magia

Quédese un par de respiraciones en esta idea. Contiene un mensaje profundo.

Desde una mayor conciencia de lo que ya es, queremos invitarle a conectar, a través de estas páginas, con su mago interior y revelarle un hechizo poderoso que le permitirá hacer que esa magia funcione con precisión.

Nuestro propósito es que usted pueda encenderla, conservarla y administrarla a voluntad, siempre a su favor. Por eso le pedimos que lea despacio, que subraye y luego dialogue consigo mismo.

Use este libro como un manual. Es una herramienta, pero también compañía y motor.

Una advertencia final: lo que leerá es poderoso. Puede despertar una curiosidad infantil que quizá esté dormida. Cuando eso ocurra y sienta el impulso, cierre el libro de inmediato y pase a la acción. Luego, vuelva a él.

Con las reglas claras, comenzamos. Pase la página. El futuro le está esperando.

PRIMERA **PARTE**

Principios generales y contexto real del sector inmobiliario

Dicen que detrás de cada profesión hay un alma que la eligió mucho antes de saber ponerle nombre. Antes de las escrituras, antes de los contratos, antes de las tablas de Excel y de las visitas a inmuebles, hubo niñas curiosas, familias de clase media-baja, casas llenas de primos, mascotas escondidas en maletas, dulces apostados en una mesa y la necesidad silenciosa de salir adelante.

Nosotras somos esas niñas, ahora convertidas en mujeres adultas, con más de treinta años de experiencia en el mundo empresarial e inmobiliario atesorados en el corazón.

Somos mujeres normales, hijas de familias tradicionales, que estudiaron con juicio, trabajaron muchas horas en el mundo corporativo y aprendieron —a veces por las buenas, muchas veces por las malas— lo que se debe y lo que no se debe hacer para construir un negocio que funcione, que sea legal, sostenible y, sobre todo, humano.

No nacimos en cuna de oro, tampoco tenemos una oficina lujosa, ni apellidos famosos.

Nacimos con algo más poderoso: *un alma inquieta*, una cierta facilidad para ver oportunidades donde otros solo veían rutina.

Tenemos la terquedad suficiente para probar, equivocarnos, insistir, buscar la manera, pensar que sí se puede y volver a intentarlo y, después de muchos años, eso nos trajo a estar aquí con usted, escribiendo este libro.

Sabemos con real corazón inmobiliario que *sí es posible que usted también lo logre*, porque todo lo que hemos vivido, sufrido, estudiado, aprendido, desaprendido, mejorado, probado, descartado y un largo etcétera lo hemos convertido en el conocimiento que hoy queremos entregarle en esta primera parte.

¡Que disfrute la lectura!

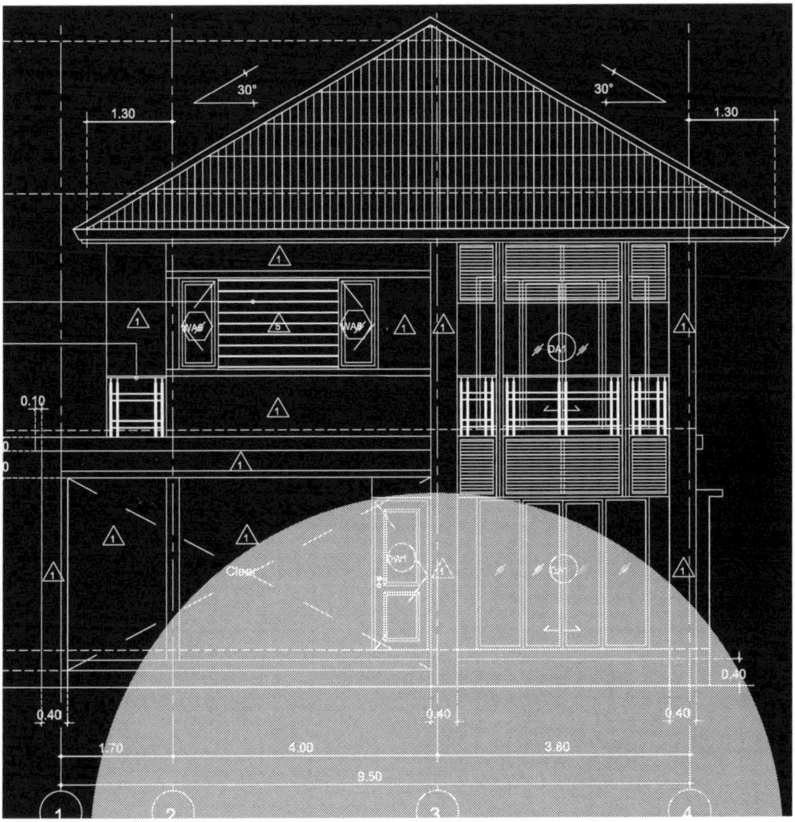

Ilumino a otros porque alguna vez
caminé en la oscuridad. Hoy te abrazo en luz.

Proverbio

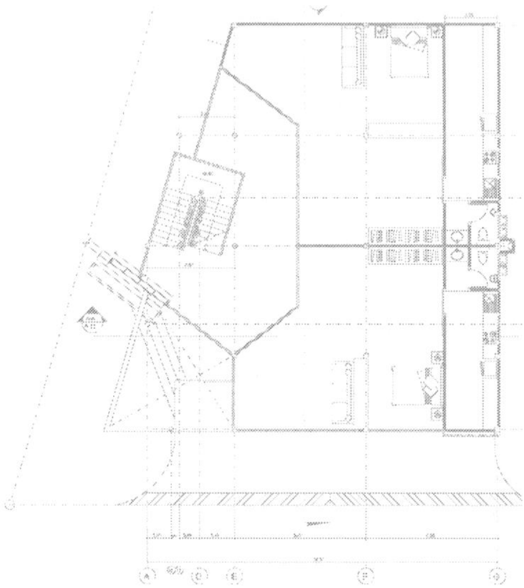

CAPÍTULO 01

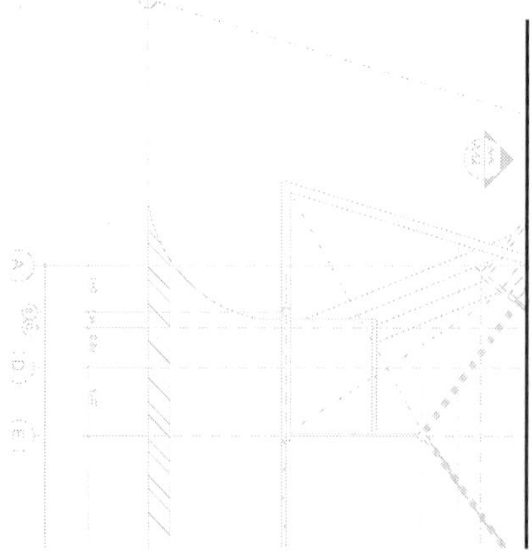

Luz: la niña de la pirinola y la mujer que escucha su intuición

Entender cuándo retirarse, reconocer la oportunidad y sostener decisiones impopulares: las lecciones de una pirinola (también conocida como perinola) que marcaron una vida. Su don no era solo hacer números, sino acompañar a otros a construir hogar y patrimonio desde la intuición.

La historia de Luz podría empezar con títulos como contadora pública, especialista, empresaria o consultora. Pero no. La historia de Luz comienza en la sala de la casa de su abuela, entre primos, dulces y una pirinola.

Es el día después de Halloween. La casa está llena de risas, música y bolsas de dulces. Las tías proponen un juego: en vez de apostar monedas, apostarán dulces. La pirinola gira en el centro del grupo y los rostros de los niños combinan emoción y nerviosismo. Las opciones son claras: "toma uno", "toma dos", "toma todo", "pierde todo".

Poco a poco, los dulces se acumulan en la mesa y las bolsas se van vaciando. Algunos primos se quedan sin nada y aparece la primera forma primitiva de crédito:

—No importa, yo te presto —dice uno—, y cuando te recuperes, me pagas.

Le toca el turno a Luz, la más pequeña del grupo, con apenas siete años. La pirinola gira, baila, hace una pequeña pausa y finalmente se detiene: TOMA TODO. Luz recoge los dulces, pero no se limita a eso. Hace algo que, cuarenta años después, su familia sigue recordando entre risas: se levanta, mira la mesa, mira a sus primos y dice, con voz dulce pero firme:

—Me retiro. Ya no juego más.

Y no solo se lleva los dulces: se lleva también la pirinola.

Ese día nadie hablaba de emprendimiento, pero ahí estaban las primeras semillas: saber cuándo retirarse a tiempo, reconocer una oportunidad cuando aparece, no temer tomar decisiones impopulares y sostenerlas, asumir que el juego cambia cuando uno decide cambiar las reglas.

Con los años, esa niña se convirtió en una mujer soñadora, pero profundamente práctica. En la universidad, Luz descubrió que la contaduría pública le ofrecía estructura, rigor y números, aunque la investigación académica y la escritura no fueran sus favoritas… todavía.

En su camino profesional aprendió a salvar empresas, ordenar cuentas, enfrentar errores ajenos como si fueran propios y proponer soluciones donde otros solo veían problemas.

Sin embargo, el punto de quiebre no llegó en un aula, sino en su propia historia familiar. Luz vivió en carne propia lo que significa *no tener vivienda propia*: la inestabilidad, los cambios obligados, la sensación de estar siempre de paso. Vio las consecuencias emocionales y prácticas de no contar con un techo propio. Esa experiencia se le quedó tatuada en el alma.

Más adelante, cuando la estabilidad económica empezó a tocar la puerta, llegó también la primera gran decisión inmobiliaria: comprar un inmueble no para "lucirse", sino para crear un segundo ingreso.

Estaban en un buen momento financiero. En Cali se levantaba un proyecto nuevo en el lugar donde todos querían estar para aprovechar el "pan recién salido del horno"[1].

1 Es la forma coloquial con la que se dice que ha surgido una oportunidad única, aparentemente irrepetible.

Cualquier persona habría dicho: "ya no fue". Luz no.

En una urbanización con venta sobre planos, la constructora vendió exclusivamente a sus funcionarios las casas esquineras.

Como los padres de Luz siempre le inculcaron que los mejores negocios se hacían comprando las esquinas. Ella al recibir la negativa de la constructora a venderle una esquina, entrego sus datos de contacto y la firme intención de no comprar otra ubicación. Antes de una semana recibió la llamada esperada: una funcionaria de la constructora debía desistir de la compra y tenía la oferta de ceder la tan anhelada esquina. Trato hecho. Sin grandes estudios de mercado, sin modelos financieros complejísimos, sin "manual de la inversión perfecta". Solo intuición, claridad de propósito y la capacidad de decir que *sí* cuando la vida le puso el regalo delante. Hoy, Luz puede afirmar con absoluta certeza que esa fue la mejor inversión que ha hecho: la que tomó guiada por su intuición y no por el ruido externo.

Ese no fue el único giro. Al mismo tiempo que crecía en lo profesional —pregrado, posgrado, diplomados—, Luz se fue sumergiendo en un camino de autoformación en crecimiento personal.

Descubrió que su alma vibraba con más fuerza no cuando estrenaba vestido, carro o restaurante, sino cuando, cerca de la medianoche navideña, le llegaban mensajes como estos: "Doctora, gracias. Esta es la primera Navidad que cenamos en una casa propia", "Doctora, hoy nuestra oración familiar incluye darle gracias a Dios por usted y su familia".

Esos se convirtieron en sus verdaderos regalos de Navidad: familias estrenando mantel, preparando la cena con la certeza de que nadie los va a sacar de allí; niños durmiendo tranquilos en un cuarto que ya no es prestado. Esa cadena de gratitud silenciosa confirmó algo que ya intuía: su don no era solo hacer números, sino *acompañar a otros en la construcción de hogar y patrimonio*.

Luz pensó en escribir varias veces. Primero creyó que debía enfocarse en subsidios y vivienda de interés social. Luego pensó en un manual de libertad financiera para mujeres atrapadas en "jaulas de oro" por dependencia económica. Más adelante imaginó un manual inmobiliario gratuito y, después, un libro sobre "inteligencia inmobiliaria".

Un día entendió que no tenía que elegir una sola cosa: su libro —este libro, el que tienes en tus manos— debía ser una *mezcla de todo*: técnica, corazón, historia, errores, intuición, espiritualidad y números. Todo lo que ella es. Todo lo que quiere entregarle para que usted también se lance, confiando en que el suelo aparece.

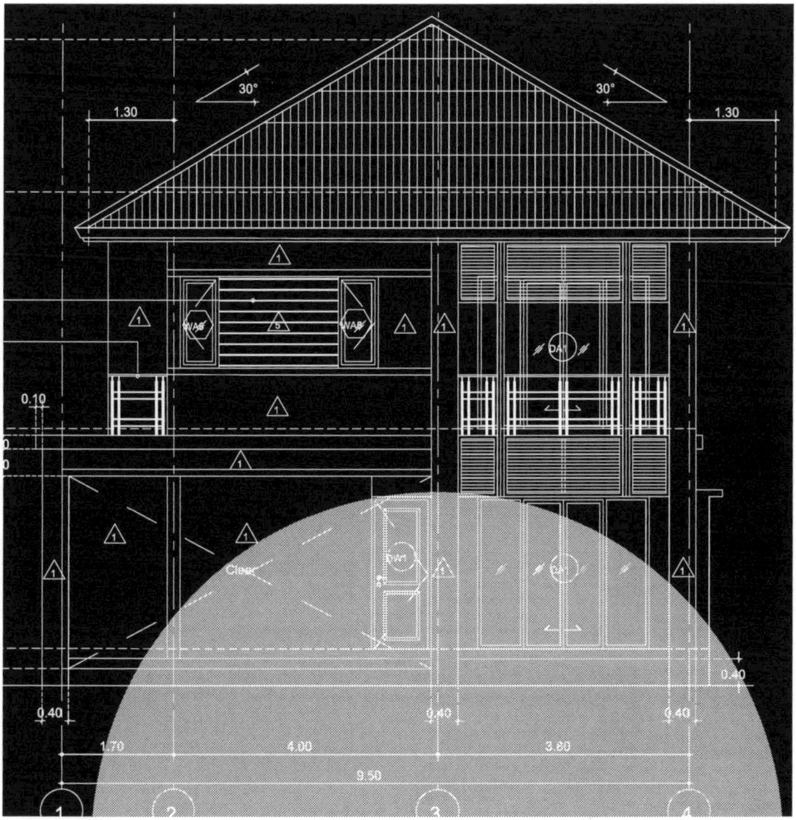

Haz lo que puedas con lo que tengas, donde estés.

—*Theodore Roosevelt*

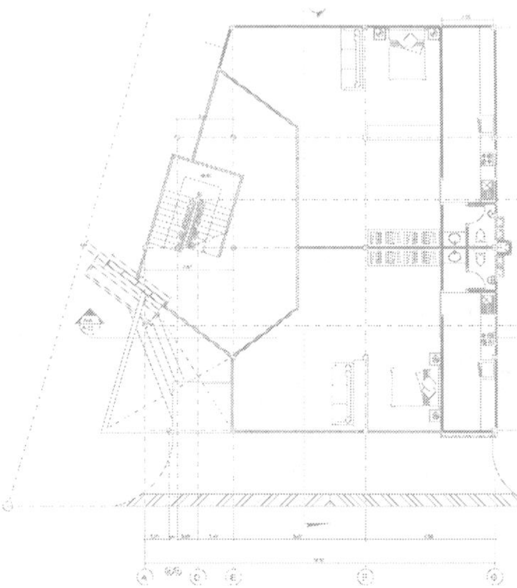

CAPÍTULO 02

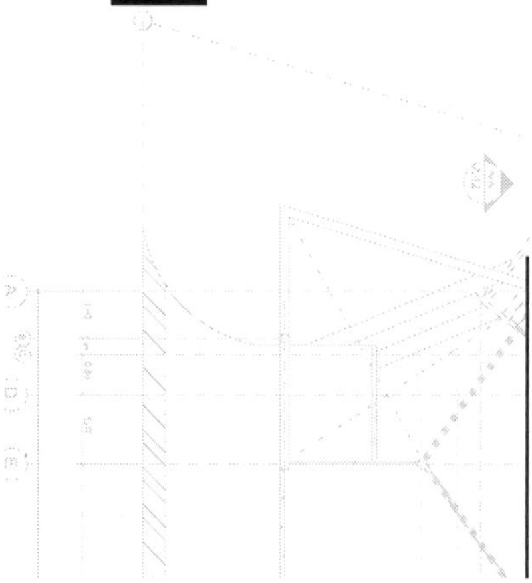

Estos son los secretos

Un corazón inmobiliario no empieza con grandes edificios, sino con un presupuesto pequeño, claro y respetado. El ahorro no es para pagar gusticos. Es el piso acolchado que permite que los golpes de la vida incomoden, pero no rompan.

Nos motivan muchas cosas, y el chisme no es ajeno a la humanidad. Todas las personas queremos saber cómo viven los demás, cuánto ganan, qué hacen en su tiempo libre: secretos, cosas aparentemente ocultas. Este negocio funciona con algunos secretos. Uno de ellos es la confianza.

Es tan importante que hemos decidido no dejarlo como algo especial que se revela al final, sino hacerlo a contracorriente (nos gusta viajar así, como el salmón que produce mejor carne).

Si solo ojea este libro, igual se lleva nuestros secretos. Si solo lee uno, está bien; pero si alguno le provoca una emoción especial en la panza, es por ahí. Saque papel y lápiz o tome el móvil y anote lo que piensa, lo que siente, lo que quiere, justo en ese momento, y siga leyendo.

La vida le dirá con claridad cómo usar esas notas más adelante. Recuerde: no se explica mucho, solo pasa. Confíe. Hay otros secretos que le revelaremos enseguida.

Secreto 1. Dinero consciente, como alimentación consciente

Imagine a un niño frente a la vitrina de helados. Ojos brillando, manos pegadas al vidrio: pide la bola más grande, doble sabor, con chispitas y cono bañado en chocolate. Pero, cuando se la entregan, sus manos pequeñitas no alcanzan a sostenerla; se derrite, se cae al piso... y el niño se queda llorando, con las manos pegajosas y sin helado. No era que el helado fuera malo. Era que pidió más de lo que era capaz de manejar.

Con el dinero nos pasa igual. Llenamos el carrito de "antojos financieros" sin preguntarnos si realmente podemos sostenerlos: un carro más grande de lo necesario, tres plataformas de *streaming* que casi no vemos, almuerzos afuera porque "hoy sí me lo merezco". No es que nada de eso sea malo en sí mismo. El problema aparece cuando su billetera se parece a ese niño: no tiene manos suficientes para sostener todo lo que se le ocurrió pedir.

Así como una alimentación consciente empieza por mirar el plato y preguntarse qué le está dando a su cuerpo, el dinero consciente comienza al revisar su "menú financiero": ¿en qué se le va el mes?, ¿qué está "comiendo" a diario en forma de gastos?

Su presupuesto es ese menú. No tiene que ser perfecto ni aburrido, pero sí intencional. Puede apoyarse en billeteras digitales y aplicaciones de gastos: allí apunta, sin juzgarse, todo lo que consume. Después de un mes de registro honesto, revise su menú: ¿cuántas cosas son realmente "nutritivas" para sus objetivos y cuántas son puro azúcar emocional?

Luego viene el segundo paso: ceñir sus gastos a los ingresos que tiene hoy, no a los que le gustaría tener. Es como cuando aprende a cocinar: elige buenos ingredientes, evita los ultraprocesados y compra lo que está en temporada porque rinde más. Aquí sus "ingredientes" son decisiones como tener un vehículo menos en casa, elegir un carro más sencillo, cambiar el restaurante caro por uno más económico o llevar almuerzo en vez de comprar siempre fuera.

Los gastos hormiga son esos cafés diarios, *snacks* y pequeños "premios" que parecen inofensivos. Las termitas financieras son peores: suscripciones que ya no recuerda, seguros innecesarios, membresías que no usa. Una hormiga se come una miga; una termita, en silencio, se come la estructura. La conducta a la que queremos llegar es simple: antes de pedir otra bola de helado financiero, pregúntese si su mano puede sostenerla.

Diseñe su menú de dinero con intención y disciplina. Un corazón inmobiliario no empieza con grandes edificios, sino con un presupuesto pequeño, claro y respetado.

Secreto 2. Decidir pagar deudas (y dejar de alimentar a la bestia)

Piense en esa sensación de abrir el correo y ver el asunto: "Estado de cuenta", "Cobro", "Recordatorio de pago". A veces ni siquiera abre el mensaje; solo el título aprieta el pecho. Las deudas se parecen a una película de suspenso: mientras no prende la luz, todo es sombra. Lo curioso es que, cuando finalmente la enciende, descubre que el monstruo tiene nombre, tamaño y número. Y eso ya lo vuelve manejable.

El primer acto de valentía no es pagar; es mirar de frente. Tome una hoja (o una tabla en su computador) y anote:

- Valor total de cada deuda
- Tasa de interés

- Cuota mensual
- Meses de plazo

Es como poner a todos los personajes de la película en fila. Ya no son "un montón de deudas", sino cinco o seis nombres con apellidos. Ahí empieza la magia: decide que va a pagar, no desde la culpa, sino desde la libertad que quiere construir.

Con el dinero que liberó en el Secreto 1 (menú de gastos más ligero), empieza a alimentar un solo monstruo a la vez: la deuda más pequeña. Esa será su primera victoria. La paga tan rápido como pueda, incluso con abonos extra.

Cuando cae esa primera deuda, no es solo un número que desaparece; es la señal interna de "sí soy capaz". Después de esa, va por la siguiente. Y aquí entra una escena divertida, pero muy seria: la tarjeta de crédito en el congelador. Literalmente. La pone en un recipiente con agua y la congela. ¿Por qué? Porque cada vez que quiera usarla tendrá que descongelarla, esperar y pensar. No se trata de demonizar la tarjeta, sino de romper el reflejo automático de "pago con tarjeta y luego miro".

La conducta que buscamos aquí es clara: decidir que sus deudas se van, una por una, y que no va a seguir alimentándolas sin conciencia. Un corazón inmobiliario que quiere negociar inversiones no puede vivir escondiéndose de los estados de cuenta. Para negociar afuera, primero tiene que demostrarse que puede negociarse a sí mismo adentro.

Secreto 3. No depender de una sola fuente de ingresos

Imagine una mesa con una sola pata. Mientras nadie la toca, se sostiene. Pero el día que apoya algo pesado, se tambalea. Si le quita esa única pata, la mesa se viene abajo. Así funciona depender de una sola fuente de ingreso. Mientras todo va bien, parece suficiente. El problema aparece cuando esa pata tiembla: un jefe cambia de opinión, un contrato no se renueva, una enfermedad lo saca del juego durante unos meses.

Ahora piense en una mesa con tres patas: empleada, independiente e inversionista. Quizá, al principio, una de esas patas sea pequeñita, apenas un soporte simbólico, pero ya está entrenando otra forma de sostenerse.

Muchos lectores de *Corazón inmobiliario* pueden llegar con la idea de "o sigo trabajando o me hago inmobiliario". Blanco o negro. La propuesta aquí es otra: crear un modelo híbrido. Mantiene su empleo (su pata estable), pero añade un ingreso independiente: una asesoría al mes, la gestión de un arriendo, una venta ocasional.

Y, poquito a poco, incorpora una tercera pata: la inversionista, aunque al inicio sea pequeña. Puede ser un fondo de inversión sencillo, un CDT o una participación muy básica en un proyecto.

Lo importante no es el monto; es la identidad. Cada vez que genera un peso que no proviene de su sueldo, su cerebro entiende: "No dependo solo de la nómina. Yo también puedo generar". La conducta que buscamos es esta: empiece a diseñar sus tres patas, aunque una sea delgadita. No se trata de renunciar ya, sino de no poner toda su vida en un solo ingreso.

Un corazón inmobiliario que negocia bien no se presenta ante el mundo desde el "necesito que esto salga como sea", sino como alguien que construye resiliencia, ingreso a ingreso.

Secreto 4. Comenzar a ahorrar para tener un fondo (tu colchón emocional)

Piense de nuevo en el niño del helado, esta vez en un parque con resbaladeros y columpios. Si se cae, se golpea; pero, si hay un piso acolchado, la caída duele menos y se levanta más rápido.

En finanzas personales, ese piso acolchado es su fondo de emergencia. Sin él, cada problema se siente como una tragedia. Con él, los golpes siguen siendo incómodos, pero no lo rompen.

Muchas personas dicen: "Cuando me sobre, ahorro". Y casi nunca sobra. El ahorro no aparece por un golpe de suerte; es una decisión que se toma desde el principio, como cuando guarda el mejor pedazo de torta antes de que todos arrasen con la bandeja.

Comenzar a ahorrar no significa esperar a tener millones. Significa decidir un porcentaje fijo de lo que gana: 5%, 10%, incluso 3% al inicio, pero intocable. Ese dinero no es para caprichos ni para emergencias inventadas ("necesito esos zapatos porque están en promoción"). Es para sostener su tranquilidad cuando algo real se mueve: una enfermedad, un despido, un cliente que se demora, una vacancia inesperada en un inmueble.

Con el tiempo, ese fondo se traduce en una frase poderosa: "Puedo aguantar X meses sin ingresos". Ahí empieza la verdadera libertad. Puede negociar mejor, decir "no" a negocios tóxicos y no aceptar cualquier condición por miedo al próximo recibo. La conducta apropiada es pagarse primero a sí mismo, en forma de ahorro para el fondo de emergencia. No es romanticismo; es una estrategia fría que cuida su corazón.

El día que quiera avanzar hacia inversiones inmobiliarias más serias, este fondo será el colchón que le permitirá tomar decisiones sin pánico.

Secreto 5. Invertir (dejar que el dinero también trabaje)

Hasta aquí ya ha recorrido un camino: revisó su menú de gastos, encaró deudas, creó nuevas fuentes de ingreso y levantó un colchón para cuando la vida se mueva. Ahora llega la parte que más asusta y más enamora: invertir.

La mayoría de la gente mantiene una relación infantil con el dinero: lo ve llegar y salir, como el niño que recibe el helado y solo piensa en comérselo antes de que se derrita. La inversión es el momento en que su dinero deja de ser solo "postre" y se convierte en semilla.

Invertir no significa lanzarse de cabeza a comprar un edificio el primer año. Significa preguntarse: "¿En qué vehículo puedo poner este dinero para que crezca, aunque sea poquito, mientras sigo con mi vida?".

Puede ser algo tan sencillo como un instrumento financiero básico, una pequeña participación en un proyecto, un primer lote, un parqueadero, un local pequeño o incluso educación estratégica que aumente su capacidad de generar ingresos más adelante.

La clave es dejar de pensar que el dinero solo sirve para gastarse y empezar a verlo como un equipo de trabajadoras silenciosas: cada peso que invierte es una empleada que entra a su empresa y trabaja mientras usted duerme.

Aquí se activa nuestra frase: "Que sus gustos se paguen con las inversiones, no con sus horas extras". No se trata de vivir como monje para siempre, sino de cambiar el origen del dinero que financia sus placeres. La conducta final que buscamos es esta: cada vez que tenga un excedente, pregúntese primero "¿cómo puedo invertir esto?" antes de pensar "¿qué me compro con esto?".

Un corazón inmobiliario no se limita a mostrar inmuebles; construye activos, por pequeños que sean, que lo sostienen con el tiempo. Viva hoy como casi nadie (consciente, disciplinado y estratégico), para poder vivir mañana como también casi nadie (libre, sin miedo a las cuentas y con un portafolio que habla por usted).

Este secreto no es nuestro, pero lo asumimos como propio. Fue escrito así por Carlos Devis, en su libro de lectura obligada *Un inmueble al año no hace daño*: "comienza a buscar inmuebles. Aunque no tengas dinero para la compra comienza a buscar inmuebles. Hazlo como si fuera un juego: busca, llama y pregunta; al igual que cuando vas de compras y miras escaparates aun sabiendo que no vas a comprar nada. De esta manera te preparas y aprendes y además puedes ir localizando el área en la que te gusta invertir" (p. 287).

Revelados los secretos, hablemos ahora de sus propias finanzas.

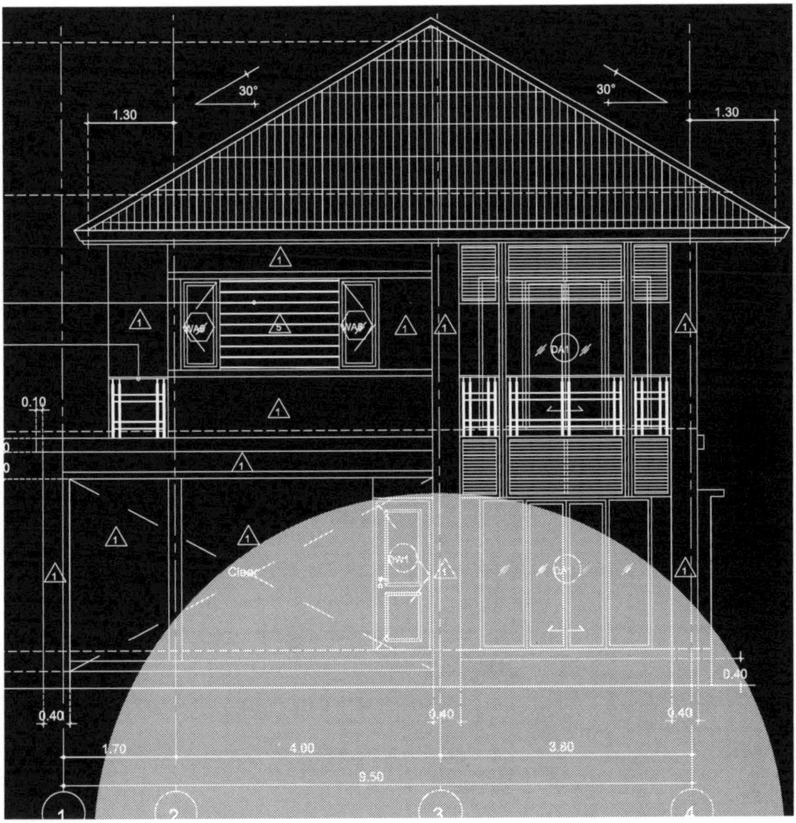

Tu independencia financiera es
la plegaria contestada de la abuela
que dependió económicamente de otros.

Proverbio

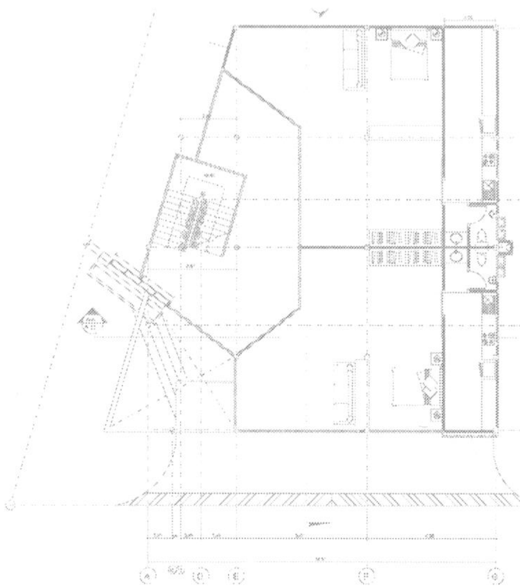

CAPÍTULO 03

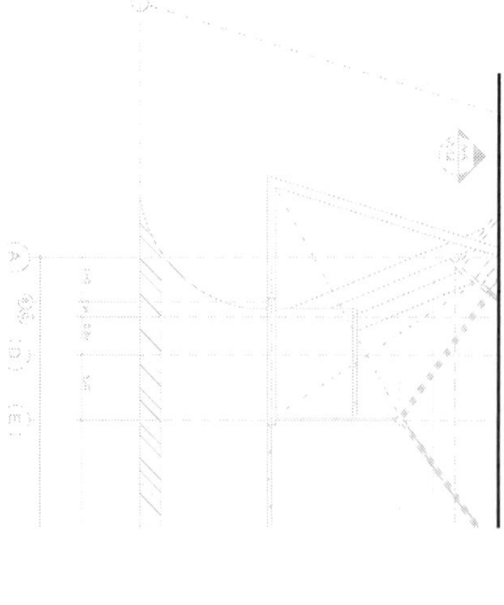

Organiza tus números y elige tu juego inmobiliario

En el sector inmobiliario, el activo más valioso no es el ladrillo, sino la capacidad de gestión. Este capítulo le ofrece una hoja de ruta para que el negocio sea un constructor de patrimonio y no un multiplicador de deudas. Aquí aprenderá que el orden no es un lujo de las grandes empresas, sino el hábito que le permitirá escalar sus sueños.

En el mundo inmobiliario hay una frase que vale oro: usted no tiene el dinero que gana; tiene el dinero que es capaz de negociar y administrar. Este capítulo quiere unir dos cosas: las oportunidades concretas que ofrece el sector y la necesidad de que usted, como *inmobiliario de corazón*, tenga un método para no perderse entre comisiones, arriendos, deudas y sueños.

El primer movimiento es distinguir entre sus finanzas personales y las de su actividad inmobiliaria, incluso si es persona natural. No se trata de tener una contabilidad perfecta desde el día uno, sino de dejar de mezclarlo todo en la misma cuenta. Una forma simple de empezar es abrir una cuenta dedicada a su actividad: allí entran comisiones, honorarios y cánones que administra, y desde allí se pagan los gastos relacionados con el negocio. Lo que usted se paga a sí misma como "sueldo" lo transfiere a su cuenta personal. De esa forma, cuando llegue el momento de declarar renta o de explicar a un banco sus ingresos, tendrá al menos un rastro claro de quién es quién.

En paralelo, conviene crear tres sobres mentales, aunque sean virtuales: uno para impuestos (renta, IVA, ICA, turismo), otro para seguridad social y un tercero para ahorro de inversión[2]. Cada vez que recibe dinero, decide qué porcentaje va a cada sobre, antes de dejarse tentar por el gasto del momento.

Una vez tenga un mínimo de orden, puede mirar el mapa de oportunidades inmobiliarias con otros ojos. Las posibilidades son múltiples y están más cerca de lo que parece. En su propio barrio puede encontrar arriendo tradicional de vivienda, pequeños locales para alquilar por meses, apartaestudios para arrendar amoblados por semanas, inmuebles en propiedad horizontal que necesitan administración, casas o apartamentos con potencial para convertirse en *coliving*[3], habitaciones o espacios tipo *coworking*.

Más adelante, si le interesa el turismo, aparecen los alquileres por días, los alojamientos tipo *Airbnb* y las casas de descanso que se arriendan por temporadas. Con más experiencia puede explorar remates judiciales, compra de oportunidades para remodelar y revender, estudios de títulos, avalúos técnicos, asesoría financiera para conseguir créditos e incluso negocios más creativos, como servicios de diseño, decoración o "numerología" aplicada a inmuebles, si eso se alinea con su estilo y con su público. Todo es válido si para usted tiene sentido, siempre que no dañe a nadie y su corazón inmobiliario vibre. Adelante: es por ahí.

2 Si empieza como persona natural, sus ingresos serán relevantes para considerar el impuesto de renta. Cada año se ajustan los topes legales para determinar si debe asumir la responsabilidad de declarar IVA. Consulte "responsable de IVA no responsable requisitos", "régimen de responsabilidad IVA" o "tope UVT IVA" en www.dian.gov.co. El ICA corresponde a la regulación local del lugar donde tenga su actividad. Consulte en la página institucional de su municipio.

3 Una modalidad completa de vivienda en la que, por un único precio, se incluye el derecho a un espacio privado (habitación, apartamento o piso), acompañado de zonas de uso común dotadas (como espacios de trabajo, lavandería, terrazas o salas de juego) y de servicios complementarios como acceso a Internet, impresoras, estación de café, etc.

La pregunta inevitable es: "¿Cuál es la mejor opción?". La respuesta honesta es: todas... y depende de su estilo personal. Si es una persona arriesgada, quizá se sienta cómoda usando su capital como cuota inicial y financiando el resto con el banco, para tener más de un proyecto andando al mismo tiempo. Si es más conservadora, puede que prefiera tomar el inmueble que ya tiene y buscar formas de sacarle mayor provecho sin endeudarse demasiado: convertirlo en *coliving*, en *Airbnb*, en oficinas compartidas o en un pequeño *coworking* de barrio.

Si su motivación es dar empleo a su familia, puede tener sentido montar una pequeña inmobiliaria de arriendos que dé trabajo a una persona en la parte comercial, a otra en oficina y a otra en mantenimiento. Si sueña con libertad por temporadas, podría dedicar unos meses intensivos a comprar, arreglar y vender un inmueble, y luego tomarse un tiempo de descanso antes de empezar el siguiente ciclo. Si es nómada y le gusta moverse entre países, tal vez su reto sea replicar estos mismos ejercicios en otros mercados, aprendiendo a manejar ingresos en distintas monedas.

Para que no se quede en la teoría, imaginemos a Sandra, quien hasta ahora ha vivido de su salario y sueña con tener su primera inversión. Sigue pagando la hipoteca de su casa (apartamento), pero ya le falta poco para terminar. Aplica lo aprendido en el capítulo anterior y abre una cuenta separada para su actividad inmobiliaria, aunque todavía no tenga "actividad" como tal. Decide que, cada mes, apenas le consignen la nómina, destinará un porcentaje fijo a ese nuevo espacio: es su futuro fondo de inversión.

En paralelo, empieza a mirar el entorno con ojos de cazadora de oportunidades. Descubre que cerca de su casa están construyendo un proyecto de apartaestudios pequeños, perfectos para estudiantes. Calcula, con la ayuda de portales inmobiliarios, cuánto se está cobrando por arriendo en esa zona y hace números: si logra juntar una cuota inicial y el banco le presta el resto, el canon de arriendo podría cubrir la mayor parte del crédito.

No decide de un día para otro; pasa varios meses afinando sus cuentas, aprendiendo del tema y ajustando su presupuesto personal para adelantar cuotas de su hipoteca actual y liberar capacidad de endeudamiento. Su primer paso no es comprar, es ordenar.

Enseñar a organizar los números personales significa empezar por hábitos pequeños y sostenibles: separar cuentas, reservar desde el inicio una parte de cada ingreso para impuestos y seguridad social, crear un fondo de emergencia que no se toca, planear las grandes compras en lugar de improvisarlas, revisar las deudas actuales antes de asumir nuevas.

Cuando se tiene un corazón inmobiliario, se entiende que el negocio no va a salvarlo de un desorden financiero crónico; al contrario, si entra con o en vez de a lo más probable es que multiplique el caos. El objetivo de este libro es lo contrario: que use el sector para construir estructura, no para agrandar huecos.

Al final, la idea que recorre todos estos capítulos es la misma. Se puede empezar muy pequeño: sacar el registro tributario —en Colombia, el RUT[4]—, presentar la primera declaración de renta, abrir una cuenta separada, mirar con calma qué opciones hay alrededor. Puede ser la señora de

4 El RUT, o Registro Único Tributario, es la inscripción que se realiza ante la DIAN para informar que usted ejerce una actividad formal. Es útil porque en él se incluyen las responsabilidades tributarias que debe cumplir, así como las actividades que desarrolla. Estas últimas se identifican mediante un número. Veamos un ejemplo: la actividad N.° 6810, que identifica a quien realiza "actividades inmobiliarias realizadas con bienes propios o arrendados".

por oficios varios en una empresa que ahorra sus cesantías para comprar un apartaestudio; el heredero que decide no gastarse el dinero en un año, sino convertirlo en una casa de renta; la profesional que organiza sus números para, por fin, dejar de sentir que el sueldo se evapora.

Lo importante es que pase algo: que tome una decisión concreta y la ponga en marcha. Si es juntar la cuota inicial, abra el ahorro. Si es buscar subsidios, agende la visita a la caja de compensación. Si es convertir su casa en *coliving*, empiece por elaborar el plan de adecuaciones y permisos.

El corazón inmobiliario se alimenta de acción. Y la buena noticia es que cada paso que dé, por pequeño que parezca, lo pone un ladrillo más cerca de la vida que quiere construir.

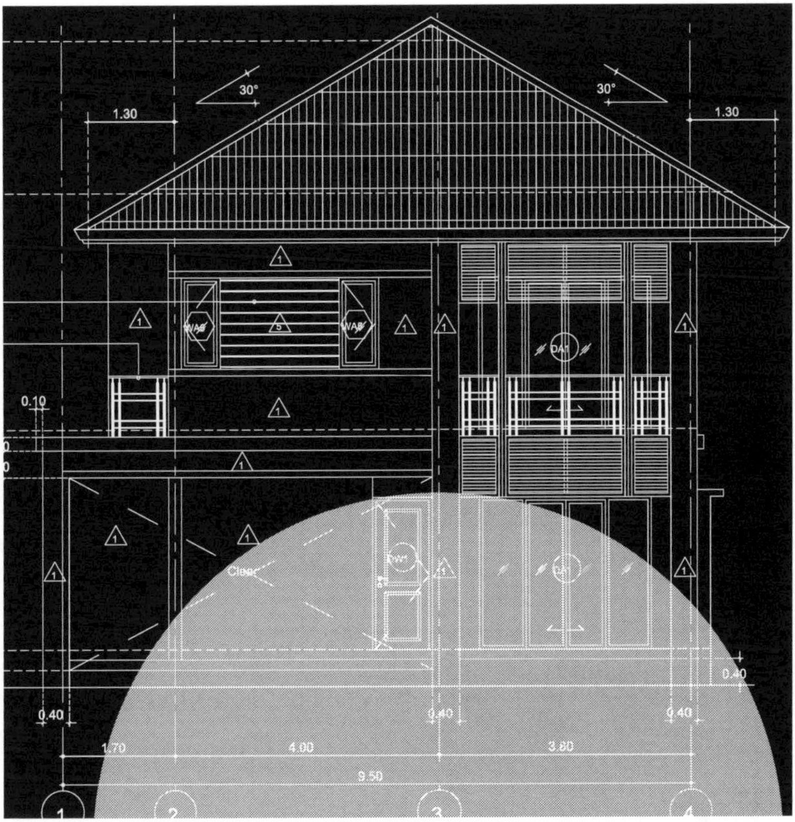

Las palabras están ahí para explicar las ideas; si no las explican, no sirven para nada.

—Confucio

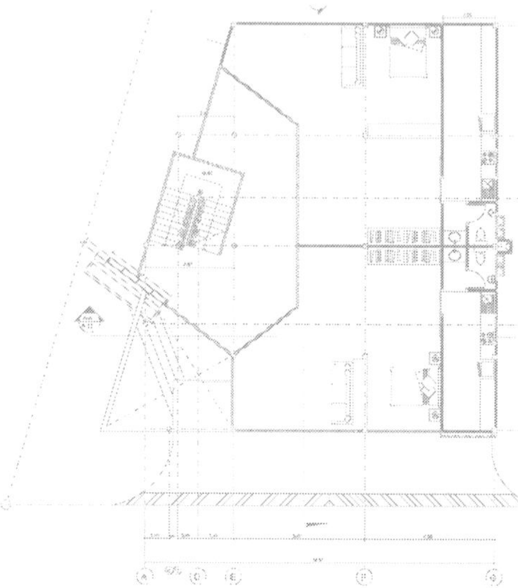

CAPÍTULO 04

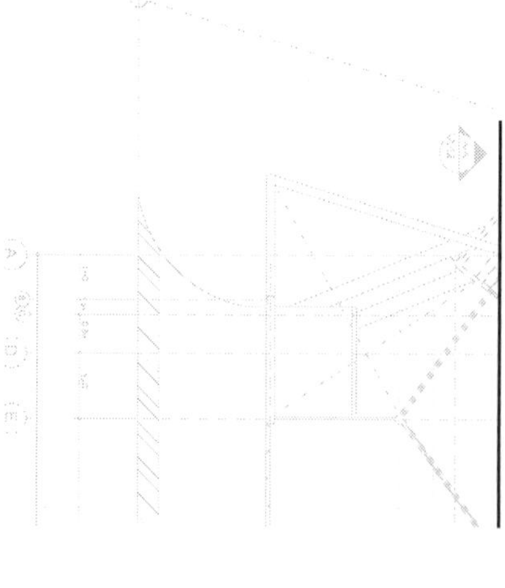

El lenguaje inmobiliario

El corazón inmobiliario también tiene su propio idioma: un glosario ligero, útil y *chic* para que aprenda a hablar el lenguaje de los negocios con soltura. El éxito inmobiliario se construye hablando el idioma de la confianza y el beneficio mutuo. El corazón inmobiliario también se habla. Y usted, que está leyendo esto, está a punto de aprender a hablarlo con soltura.

Al final de este capítulo, usted va a dominar un pequeño idioma nuevo: las palabras que usan las personas que miran edificios, contratos y ciudades... y ven oportunidades, estilos de vida y futuros posibles. Piense en este glosario como su "bolso de mano" de conceptos básicos.

Nuevas formas de vivienda y trabajo

(Las más chic *y modernas para empezar a hablar este idioma)*

***Coliving*:** Vivir en un mismo inmueble con otras personas, cada una con su habitación privada, pero compartiendo espacios como cocina, sala, lavandería o terraza. Se asemeja a una versión adulta y organizada de "vivir con *roomies*", pensada para personas que valoran la comunidad, los servicios incluidos y la flexibilidad de quedarse unos meses o un par de años.

***Cohousing*:** Un grupo de personas o familias vive en viviendas privadas, pero comparte amplias zonas comunes (cocina grande, lavandería, áreas de ocio, huerta, salón social) y organiza la vida de la comunidad de forma cooperativa. Es una mezcla entre vivir "en comunidad" y mantener su independencia, muy asociada a proyectos sostenibles, envejecimiento activo o tribus urbanas que eligen vivir juntas.

***Coworking*:** Son espacios de trabajo compartido donde profesionales, emprendedores y empresas se instalan a trabajar sin tener que arrendar una oficina tradicional. Se paga por un escritorio, una oficina pequeña o incluso por horas, y a cambio se tiene Internet, salas de reuniones, café y, sobre todo, una red de personas con las que se puede conectar y hacer negocios.

***Coplaces / coliving* & *coworking* híbrido:** Es la fusión directa de los dos modelos: en un mismo edificio hay espacios residenciales compartidos (*coliving*) y zonas de trabajo profesional (*coworking*). Aquí se puede, literalmente, vivir y trabajar en el mismo lugar, con servicios integrados, comunidad activa y una vida mucho más flexible y móvil. Es el ecosistema favorito de nómadas digitales, emprendedores y profesionales creativos.

Tiempo compartido: Es un modelo en el que varias personas adquieren el derecho a usar un inmueble (generalmente vacacional) durante ciertos periodos del año. Usted no es el único dueño de la propiedad, pero sí de un "pedazo del tiempo" en el que puede disfrutarla, intercambiarla por otros destinos o, en algunos casos, rentarla.

Contratos inmobiliarios básicos

(Lo básico que necesita para entender cualquier negocio)

Ahora pasemos del "dónde vivimos y trabajamos" al "cómo se estructuran los negocios". Piense en este triángulo como su base mínima profesional: si domina estas palabras, podrá seguir cualquier conversación inmobiliaria sin perderse.

Términos asociados a la venta

Enajenar: Es la palabra elegante para decir "transferir un bien a otra persona". Cuando alguien enajena un inmueble, entrega su derecho de propiedad a otro, ya sea vendiendo, donando, permutando o usando otra figura jurídica.

Promesa de compraventa: Es un contrato en el que vendedor y comprador se comprometen a celebrar más adelante la compraventa definitiva de un inmueble. Allí se pactan precio, plazos, condiciones y documentos necesarios. La promesa es el "acuerdo serio y por escrito" que prepara el camino para la escritura de compraventa.

Compraventa: Es el contrato mediante el cual el vendedor transfiere la propiedad de un inmueble al comprador a cambio de un precio[5]. En el mundo inmobiliario, suele formalizarse mediante la firma de una escritura pública (instrumento público que se otorga ante notario) y su posterior registro. Es el momento en que ese inmueble deja oficialmente de ser de una persona y pasa a ser de otra.

Términos asociados al arrendamiento

Contrato de arriendo: Es el acuerdo por el cual el propietario (arrendador) entrega a otra persona (arrendatario) el uso y goce del inmueble, a cambio de un canon periódico. El arrendatario no se vuelve el dueño del inmueble, pero sí tiene el derecho de usarlo según lo pactado en el contrato.

5 Aprenderemos con más detalle sobre estos contratos en la segunda parte.

Contrato de mandato: Es un contrato cuyo objeto es que usted entregue a otra persona (el mandatario) la facultad de actuar en su nombre y representación en asuntos concretos, como vender, arrendar, administrar, cobrar o firmar. Es la figura jurídica que sustenta expresiones como "mi apoderado", "mi administrador" o "la inmobiliaria se encarga de todo por mí".

Contrato de concesión de uso o espacio comercial: Es un acuerdo en el que se otorga a alguien el derecho a usar un espacio específico (por ejemplo, un local en un centro comercial, un *kiosco*, un *stand*, un área de vitrina) bajo condiciones más estrictas y controladas que las de un arriendo tradicional. Suele incluir reglas de imagen, horarios, tipo de actividad y forma de operar, porque el espacio hace parte de un concepto comercial más grande (centro comercial, hotel, clínica, terminal, etc.).

Consignación de inmueble: Es un término coloquial que hace referencia a la entrega de uno o más inmuebles a una inmobiliaria o a un profesional inmobiliario (usted), para que los comercialice. Comercializar es salir a ofrecerlo al mercado, en venta o arriendo. Suele incluir mostrarlo a las personas interesadas y gestionar las negociaciones. Es una forma de decir: "Confío en usted para mover mi inmueble en el mercado".

Corretaje inmobiliario: Es la actividad profesional de poner en contacto a dueños y posibles compradores o arrendatarios, a cambio de una comisión si el negocio se concreta. La persona que hace corretaje (corredor o agente inmobiliario) no es dueña del inmueble, pero sí es la arquitecta del encuentro entre las partes.

Cuando varios se juntan en pro de un objetivo

Corretaje compartido: Es un tipo de corretaje en el que dos o más agentes o inmobiliarias colaboran en la comercialización del mismo inmueble o en la búsqueda del cliente ideal y acuerdan cómo compartir la comisión si el negocio se cierra. Es la traducción práctica de una idea muy poderosa en el negocio inmobiliario: a veces es mejor compartir la comisión que no tener negocio.

Tercerías: Es la forma habitual de referirse a una realidad en la que, en la intermediación para presentar compradores al vendedor, en algunas ocasiones participan tres o más corredores.

***Joint venture* (alianza inmobiliaria):** Es una alianza estratégica entre dos o más personas o empresas para desarrollar un proyecto inmobiliario juntas: por ejemplo, una aporta el terreno, otra el capital, otra el diseño o la construcción, y se comparten riesgos, utilidades y decisiones. Es la figura clave cuando el proyecto es demasiado grande para hacerlo solo, pero demasiado interesante para dejarlo pasar.

Este es su primer mapa del idioma del corazón inmobiliario. Su tarea es alimentarlo, completarlo, pulirlo, mejorarlo, desarrollar su propio tono y decirlo con su voz, no con la nuestra. A partir de ahí, piense en todas esas nuevas formas de vivir y trabajar.

Ahora es tiempo de pensar y explorar, para luego navegar.

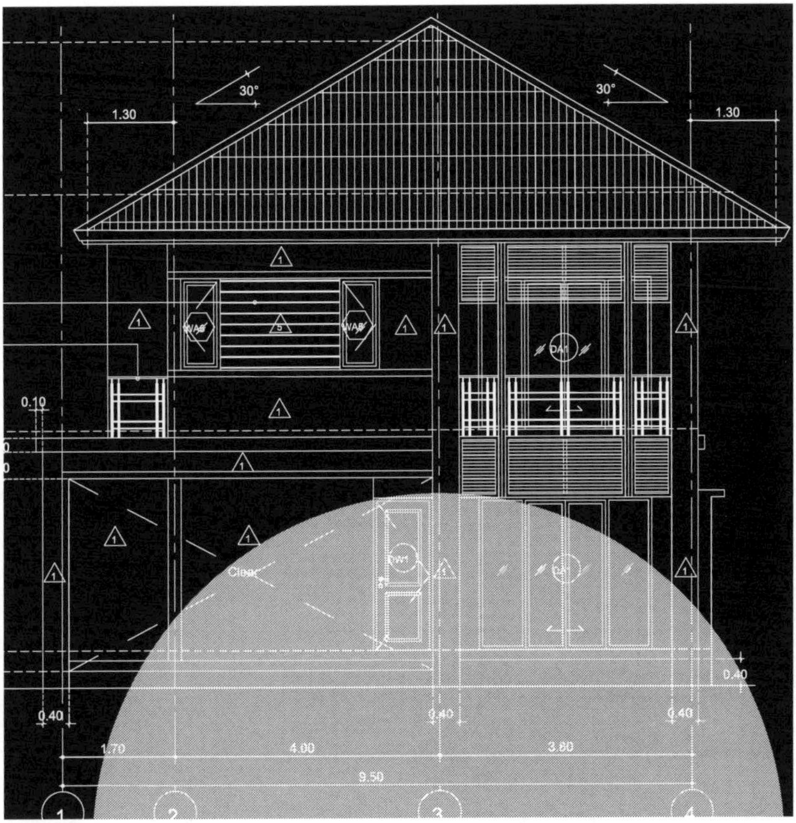

El éxito no consiste en ser perfecto, sino en ser excepcionalmente constante en lo básico.

—Robin Sharma (autor de El club de las 5 de la mañana *y* El monje que vendió su Ferrari*)*

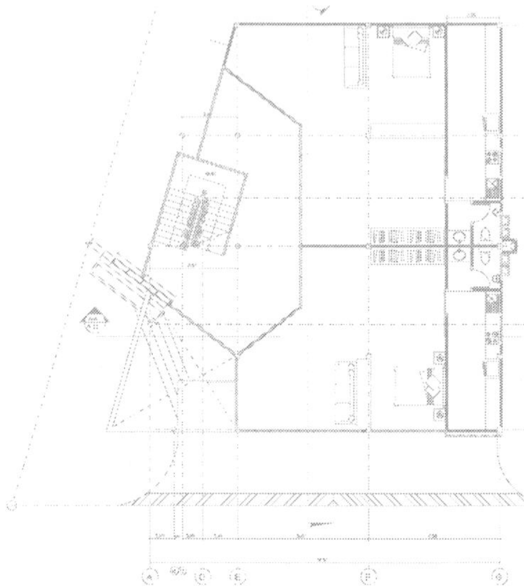

CAPÍTULO 05

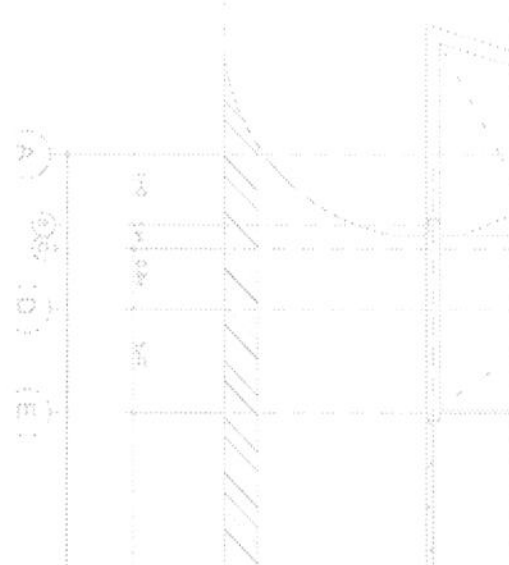

Piense con corazón inmobiliario, explore y disfrute

En este capítulo encontrará una hoja de ruta personalizada que lo clasifica dentro de uno de los cinco perfiles clave para la construcción de patrimonio, lo que le permitirá identificar con precisión dónde se encuentra hoy. También descubrirá que el "corazón inmobiliario" no es un privilegio de grandes capitalistas, sino una facultad que usted puede activar mediante decisiones pequeñas, pero valientes, y una disciplina constante.

Aquí seguimos hablándole a usted, que lee este libro con la ilusión de aplicarlo en su propia vida y en el patrimonio de su familia. Por eso, le llamamos *inmobiliario de corazón*. No importa si hoy solo cuenta con su sueldo, una hipoteca que le pesa, una herencia que le asusta manejar o un pequeño ahorro que no sabe cómo mover: todas esas son puertas de entrada distintas a un mismo mundo.

La idea es mostrarle caminos posibles, de menor a mayor alcance, y ofrecerle los primeros pasos para cada uno, para que deje de ver el corazón inmobiliario como algo lejano y empiece a convertirlo en decisiones concretas.

El acto más valiente: terminar de pagar la casa donde ya vive

La primera posibilidad, la más básica, pero también la más poderosa, es simplemente terminar de pagar bien la casa donde ya vive. A veces, el acto más valiente de inversión es dejar de soñar con el segundo inmueble y concentrarse en liberar el primero. Si este es su caso, el primer paso es abrir los ojos y conocer sus números con honestidad: cuánto debe exactamente, en qué plazo, con qué tasa y cuáles son sus gastos reales.

El segundo paso es ordenar su presupuesto, como hizo María, la señora de los tintos: asumir que su vida se financia con un ingreso base y que todo lo adicional —primas, cesantías, bonificaciones o ingresos extraordinarios— tiene un destino claro: anticipar cuotas, bajar capital y acelerar el pago.

El tercer paso es empezar a imaginar esa casa pagada no como un punto final, sino como una plataforma. Cuando termine, lo que hoy se destina a la hipoteca se convertirá en capacidad de ahorro mensual y, con ese flujo, podrá pensar en su primer inmueble para renta.

Primera casa, primer sueño: cuando aún no tiene vivienda propia

La segunda posibilidad es la de quien aún no tiene vivienda propia y sueña con su primera casa o apartaestudio. Aquí el corazón inmobiliario no le pide que empiece comprando para invertir; le pide, primero, construir su base.

Si este es su caso, el primer paso es traducir el sueño en una cifra de cuota inicial: averiguar en qué rango de precio se encuentran los inmuebles que le sirven y cuánto necesita tener ahorrado para que un banco o una entidad de *leasing* lo tome en serio.

El segundo paso es salir a buscar todas las ayudas posibles: subsidios de vivienda, programas de cajas de compensación, beneficios por ser cabeza de hogar o por nivel de ingresos, así como planes de ahorro programado en los que usted aporta una parte y el sistema lo acompaña.

El tercer paso es entrenarse en la disciplina de María: vivir con un presupuesto consciente, crear un fondo intocable para esa cuota inicial y aprovechar cada ingreso extraordinario para acercarse a la meta, en lugar de alejarse de ella con compras impulsivas.

Herencias: cuando el dinero llega de golpe y no quiere que se esfume

La tercera posibilidad es la de quien recibe una herencia en dinero y no quiere verla desvanecerse en pocos años. Una suma heredada puede ser una bendición o una trampa, según cómo se la mire.

Si este es su caso, el primer paso es tomar conciencia de que no debe correr. Conviene estacionar el dinero en un lugar seguro mientras resuelve lo vital y procesa lo ocurrido: la mente y el cuerpo cambian, y hay que darle lugar al tiempo. Luego sí, respira, se asesora y entiende su situación tributaria, familiar y personal.

Ahora bien, si necesita tranquilidad, vaya por ella de inmediato. Disponga de una parte, pero nunca de la totalidad: solo lo justo para acomodarse un poco. Suele pasar, y está bien, que destine parte de esa herencia a estabilizar su vida presente —pagar deudas tóxicas, crear un fondo de emergencia, quizá completar la vivienda propia—, pero es necesario reservar algo: una porción que va a convertir en ladrillo, es decir, en un inmueble que produzca renta o se valorice.

El tercer paso es elegir ese inmueble con criterio: aplicar lo que ya ha aprendido sobre promesas, certificados, licencias y normas, y no comprar solo por emoción ni por la recomendación insistente de alguien que tiene más interés en vender que en protegerle.

El primer inmueble para renta: cuando su casa ya casi está libre

La cuarta posibilidad es la de quien ya tiene su vivienda pagada o casi pagada y quiere dar el salto a un primer inmueble para renta: el famoso apartaestudio que se compra para que alguien más pague parte del crédito.

Si usted se encuentra aquí, el primer paso es traducir su idea en un plan financiero simple: cuánto puede destinar mensualmente al nuevo crédito sin poner en riesgo su estabilidad, qué canon de arriendo podría esperar razonablemente y cuánto tiempo está dispuesto a dedicar a la gestión.

El segundo paso es elegir el tipo de inmueble inicial que tenga sentido para su realidad. Puede ser un apartaestudio en una zona con demanda de estudiantes o profesionales, un pequeño local en un barrio consolidado o un parqueadero en un sector de alta escasez. No se trata de "lo más glamuroso", sino de lo más coherente con su capacidad.

El tercer paso es tomarse en serio el proceso: revisar el estado jurídico del inmueble, leer con cuidado la promesa de compraventa, negociar plazos y condiciones y preparar, desde el inicio, la forma en que va a administrarlo, ya sea de manera directa o a través de una inmobiliaria.

Jugar en ligas mayores: socios, familia y vehículos jurídicos

La quinta posibilidad es la de quien ya se encuentra un poco más adelante y se plantea proyectos mayores: comprar con hermanos, con hijos, con socios o participar en una fiducia inmobiliaria.

Aquí la complejidad crece, pero también las oportunidades. Si este es su escenario, el primer paso es poner por escrito los acuerdos humanos antes de poner el dinero: quién decide qué, cómo se reparten los frutos, cómo se sale si alguien ya no quiere estar y qué ocurre si uno muere, se divorcia o se quiebra.

El segundo paso es entender la figura jurídica del vehículo que va a utilizar: si se trata de una copropiedad simple, una sociedad[6], un patrimonio autónomo[7] o un fideicomiso[8], y cuáles son las implicaciones de cada opción en términos de responsabilidad, sucesión y control.

El tercer paso consiste en aplicar todo el rigor aprendido en el libro: revisar títulos, comprender las licencias, examinar con lupa el certificado de matrícula inmobiliaria y leer la promesa como un contrato serio, no como un simple paso del trámite.

El patrón secreto: realidad, decisión y disciplina

Detrás de cada una de estas alternativas hay un patrón que se repite. Primero, mirar de frente su realidad, sin vergüenza y sin maquillaje: cuánto gana, cuánto debe, qué tiene, qué puede y qué no puede hoy. Segundo, tomar una decisión concreta que transforme el conocimiento en movimiento: reunir la cuota inicial, terminar de pagar la hipoteca, pedir una cita para entender

---

6 Una *sociedad* es una persona jurídica diferente de usted, que asume sus propias responsabilidades y existe con autonomía para gestionar negocios y ser titular de derechos y obligaciones.

7 Un *patrimonio* autónomo es una ficción legal que le permite crear un conjunto de bienes para separarlos de los suyos y permitirles una evolución independiente de su patrimonio personal. Por la complejidad de este tipo de bienes —los que conforman el patrimonio—, su administración es una actividad encomendada a entidades fiduciarias, las cuales son vigiladas y reguladas de manera similar a un banco.

8 Un *fideicomiso* es un contrato civil en el que se transfiere la propiedad de un bien a una persona que la ostenta de manera temporal, mientras se cumple una condición. Durante ese tiempo, el titular temporal adquiere la propiedad del bien y, por tanto, los derechos y obligaciones derivados de ella, con algunas particularidades que se definen en la escritura.

los subsidios disponibles, buscar la notaría o la curaduría que necesita, o sentarse con su familia a ordenar una herencia. Tercero, perseverar con disciplina, porque el corazón inmobiliario no funciona al ritmo de la gratificación instantánea, sino al compás del tiempo, los intereses, las escrituras y los arriendos.

Todo lo que ha leído hasta aquí —el lenguaje básico, las normas, la promesa, la venta, las licencias, el certificado de matrícula, la administración y los contratos— no está pensado para que usted se vuelva un teórico, sino para darle una ventaja práctica. Ahora sabe que un inmueble no es solo una dirección en un anuncio: es una historia jurídica, un contrato, un riesgo y una oportunidad. También sabe que hay muchas formas de empezar y que María, con su delantal de tintos, no necesitó más que enfoque, ahorro y valentía para usar ese conocimiento a su favor.

Un último llamado a la acción

Lo invitamos a que elija cuál de estos caminos se parece más a su vida hoy y dé un primer paso pequeño, pero real. Si se trata de reunir la cuota inicial, abra la cuenta en la que va a ahorrar. Si de buscar subsidios, agende el día para ir a la caja de compensación o a la entidad correspondiente, preguntar por los requisitos y conocer más. Si se trata de terminar de pagar su hipoteca haga un plan para anticipar haga un plan para anticipar una cuota este año. Si quiere liquidar estratégicamente una herencia, solicite una cita con el notario o busque a un abogado y haga las preguntas necesarias.

El corazón inmobiliario se vuelve realidad cuando deja de decir "algún día" y empieza a construir, ladrillo a ladrillo y decisión a decisión, un patrimonio que tenga sentido para usted y para los suyos.

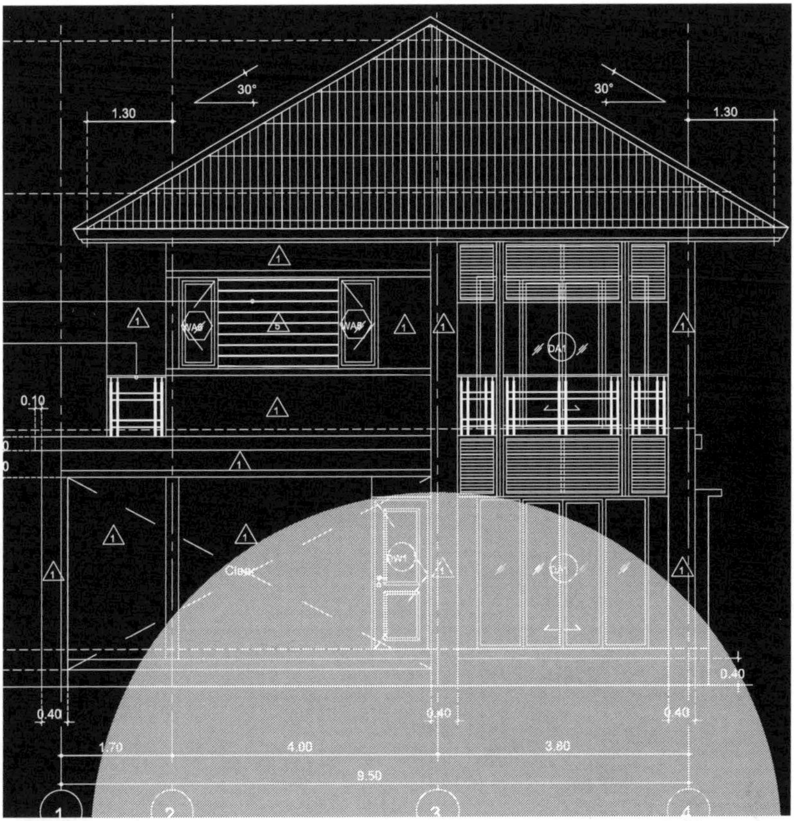

Cuando se nace pobre, estudiar es el mayor acto de rebeldía contra el sistema. El saber rompe las cadenas de la esclavitud.

—Tomás Bulat

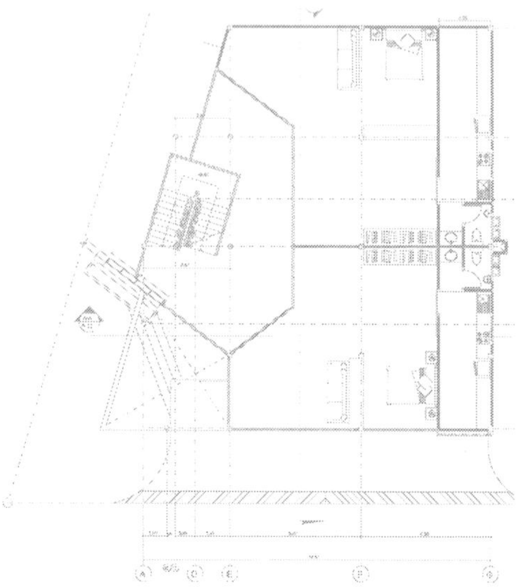

CAPÍTULO 06

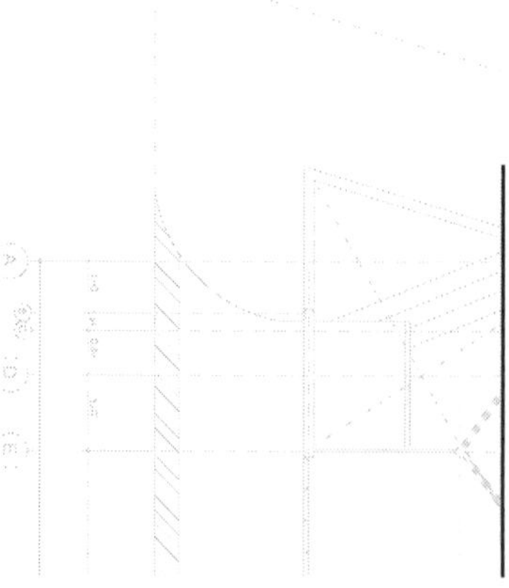

Háblele al corazón de su socio silencioso

Deje de ver a los bancos como entidades que solo cobran y mírelos como aliados estratégicos que aportan el capital necesario para sus sueños. Aprenda a entender la "memoria" del sistema, en la que su buen comportamiento construye la confianza que luego permite negociar tasas y condiciones. Si lo hace correctamente, ganará velocidad para cerrar negocios antes que otros. Controle con maestría el volante financiero para crecer con tranquilidad.

En el mundo inmobiliario hay un personaje silencioso que, bien tratado, puede convertirse en uno de sus mejores aliados: el banco. No sale en las fotos de la firma, no aparece en el brindis, no opina sobre el color de la cocina ni sobre si el arriendo está caro o barato. Sin embargo, muchas veces es quien pone gran parte del dinero y sostiene el proyecto durante años. Por eso lo llamamos "el socio que no opina". No viene a decirle qué hacer con su vida, pero sí lo premia —o lo castiga— según la calidad de la relación que construya con él.

Mantener una buena relación con los bancos no es un capricho del sistema financiero; es una pieza clave de cualquier estrategia inmobiliaria, tanto si usted compra para vivir como si compra para invertir.

En la práctica, la banca funciona con memoria: observa su historia, registra cómo maneja sus cuentas, cómo usa sus tarjetas, si paga puntualmente sus créditos, si respeta las cuotas o si vive estirando plazos. Esa memoria se convierte en confianza y la confianza se traduce en algo muy concreto: dinero disponible, mejores condiciones y mayor velocidad cuando aparece una buena oportunidad inmobiliaria.

El primer gran beneficio de una buena relación es el acceso a mejores tasas de interés y a condiciones más favorables. Los bancos premian a los clientes que permanecen, que cumplen y que utilizan varios de sus productos. Esa lealtad, bien gestionada, se puede negociar a su favor.

Una rebaja pequeña en la tasa de un crédito hipotecario a largo plazo —medio punto porcentual, por ejemplo— puede significar millones de pesos menos en intereses a lo largo de veinte años. Además de la tasa, suelen flexibilizar comisiones, exigir seguros menos costosos o aceptar plazos más ajustados a su realidad. El banco no hace milagros, pero cuando lo percibe como un vínculo de largo plazo, está más dispuesto a tratarlo como aliado y no solo como un número en una fila.

La segunda ventaja es la rapidez. En el sector inmobiliario, el tiempo es un factor decisivo: las buenas oportunidades no esperan a que usted "se organice". Cuando ya existe una historia construida con su banco, este conoce su perfil de riesgo, su capacidad de pago y su comportamiento.

Eso permite que los procesos de preaprobación y aprobación de créditos avancen con mayor agilidad. Contar con una carta de preaprobación o con una respuesta rápida le permite presentar ofertas de compra más sólidas, negociar con firmeza y cerrar negocios antes que otros interesados que todavía están reuniendo papeles. En mercados muy competidos, esa diferencia de días o semanas puede ser la línea que separa el comprar de "la casa (o el apartamento) se la llevó otra persona".

La tercera fortaleza de una relación sólida con el banco es el acceso a un mayor porcentaje de financiación. Técnicamente se habla de la relación préstamo-valor del inmueble: cuánto del precio está dispuesto a cubrir el banco y cuánto debe aportar usted como cuota inicial.

A una persona desconocida o con historial débil, la entidad puede ofrecerle solo un setenta por ciento de financiación, lo que la obliga a contar con una cuota inicial muy alta. A una clienta con trayectoria, bien evaluada y ya conocida, el banco puede estar dispuesto a financiar un ochenta u ochenta y cinco por ciento, e incluso más en algunos productos.

Esa diferencia libera capital propio: no tiene que inmovilizar todos sus ahorros en una sola compra; puede reservar parte para los gastos de escrituración, para adecuar el inmueble o para pensar en una segunda inversión en el futuro.

El cuarto beneficio aparece cuando la relación con el banco alcanza un nivel más maduro y se abre la puerta a la asesoría integral. No se trata solo de que le aprueben hipotecas; se trata de que usted pueda sentarse con un asesor o con una banca preferencial que entienda su proyecto de vida y le ayude a diseñar la estructura financiera.

Allí entran en juego productos que muchas personas ni siquiera saben que existen: créditos puente que permiten comprar una nueva propiedad mientras se vende la anterior; líneas de crédito respaldadas en un inmueble ya pagado para financiar remodelaciones o nuevas inversiones; soluciones para ordenar deudas dispersas; opciones para proteger el patrimonio y reducir riesgos. El banco sigue siendo un negocio, pero cuando lo ve como cliente de valor empieza a ofrecerle herramientas que van más allá del crédito tradicional de vivienda.

La quinta razón para cuidar esta relación se vuelve evidente cuando usted decide tomarse en serio la inversión inmobiliaria. Si su objetivo es comprar varios inmuebles, participar en proyectos o desarrollar, tarde o temprano necesitará un jugador grande a su lado.

Los créditos de construcción, las líneas comerciales y las financiaciones para proyectos de mayor escala no se entregan a quien aparece un día, de la nada, con un *excel* y un sueño; se entregan a quienes han demostrado, con el paso del tiempo, que son inversionistas serios, que cumplen, que saben manejar el riesgo y que respetan los acuerdos.

En ese punto, el banco deja de ser solo "el que me prestó para mi casa" y se convierte en un socio estratégico: analiza con usted flujos de caja, cronogramas de obra, valorización esperada y mecanismos de salida. El conocimiento y la confianza acumulados se transforman en la palanca que le permite pasar de la pequeña inversión individual a proyectos más ambiciosos.

Nada de esto implica idealizar a los bancos ni entregarse a ellos sin reservas. El corazón inmobiliario ve el panorama completo: sabe que el mismo socio silencioso que le ayuda a crecer puede volverse implacable si usted no cumple. Por eso este capítulo insiste en dos ideas simultáneas: la importancia de construir una relación sólida con el sistema financiero y la necesidad de que sea usted quien tenga el volante. El banco aporta dinero, estructura y productos; usted aporta criterio, límites sanos y una lectura integral de su vida, su familia y su tranquilidad.

Si hasta ahora ha visto al banco solo como "el lugar donde me consignan el sueldo" o "el que me cobra la tarjeta", este es un buen momento para cambiar la mirada. Piense en él como ese socio que no opina sobre su decoración, pero que puede ser decisivo para que usted tenga —o no— acceso a las llaves de la siguiente puerta.

Cuide su historial, use el crédito con propósito, pregunte, compare y negocie. Cada vez que se siente a evaluar una decisión inmobiliaria importante, póngala sobre la mesa, no como dueño de su destino, sino como lo que es: una herramienta poderosa que, si la maneja con cabeza y con corazón, puede ayudarle a construir el patrimonio que quiere para usted y para los suyos.

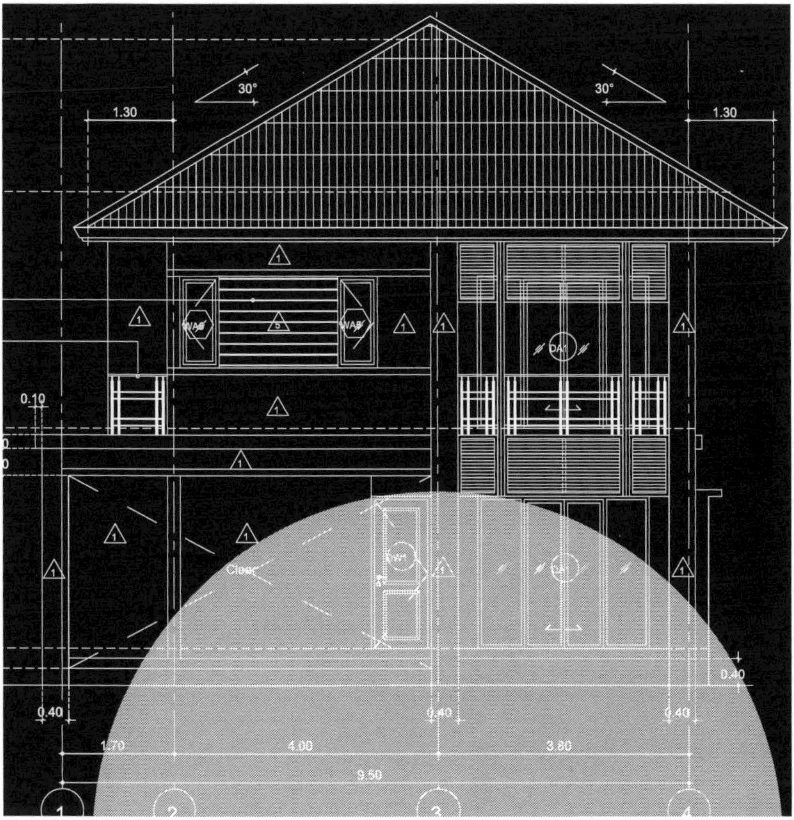

No tienes que ser grande para empezar, pero tienes que empezar para ser grande.

—Zig Ziglar

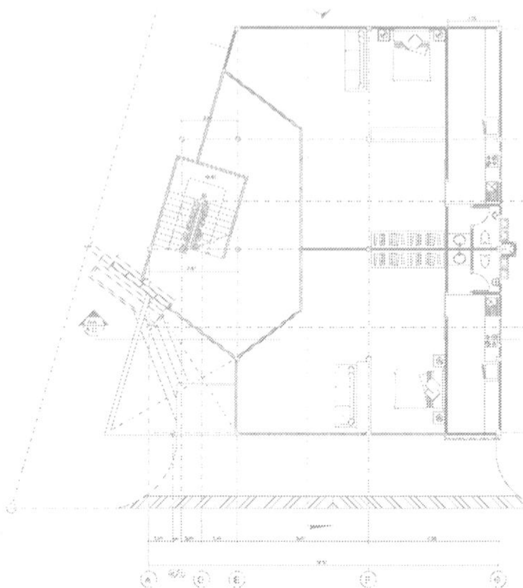

CAPÍTULO 07

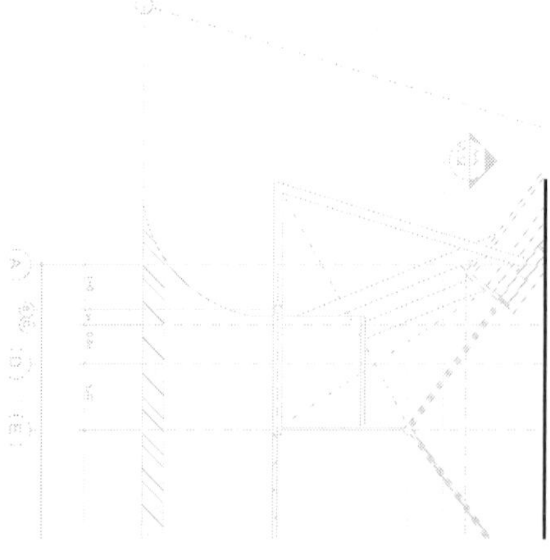

Construir relaciones comerciales

Usted puede transformar su calidad humana en una ventaja competitiva, partiendo de una premisa poderosa: si ha sido una persona seria y responsable en su vida, ya ha recorrido la mitad del camino para tener éxito en el sector inmobiliario.

Para complementar esa base y convertirla en un negocio sostenible, suba la escalera peldaño a peldaño, armonice sus relaciones con criterio, alinee su imagen digital y deje de improvisar. Vuélvase fan de las rutinas y de las herramientas organizadas.

Hay una frase que se repite con frecuencia cuando alguien se asoma al mundo inmobiliario: "No tengo experiencia... ¿quién me va a confiar un inmueble?". Este capítulo existe precisamente para eso: para mostrarle que esa sensación es normal, que se puede atravesar y que, si ha sido una buena persona y responsable en su vida, ya tiene la mitad del camino recorrido. *La experiencia se construye, pero la confianza personal viene de antes y, muchas veces, es la que abre la primera puerta.*

Imagine a Luz, que no comenzó "siendo inmobiliaria". Tenía su negocio, su local, sus clientes de siempre y, un día, arrendó su propio local, negoció bien y cuidó cada detalle. No pasó nada extraordinario... hasta que sus clientes empezaron a buscarla para que les ayudara a arrendar también sus locales. Le decían: "Luz, yo veo que usted es buena para eso; arriéndeme mi local. Usted es muy seria, hágame este negocio".

Luz no tenía un diploma de inmobiliaria ni veinte contratos en su historial, pero en todo lo que había hecho antes había sido seria, cumplida y honesta. Esa reputación habló por ella y abrió un espacio nuevo. La experiencia inmobiliaria llegó después; primero llegó la confianza de la gente. Ese es el corazón de este paso: si en su vida ha sido responsable y los demás la reconocen como alguien que responde, que no se esconde y que no juega sucio, ya tiene el insumo principal del éxito. Lo demás se aprende.

Luz también explica algo que muchas veces ocurre de forma natural: una escalera que va de los arriendos a las ventas. Primero empezó manejando sus propios arriendos, después los de otras personas, hasta que un día se dio cuenta de que ya no podía con todo sola.

Tenía una amiga, Valentina, que se dedicaba exclusivamente a arrendamientos. Con honestidad se sentó con sus clientes de la zona para decirles que ya no podía atenderlos como antes, pero que tenía a una persona excelente para recomendarles.

En lugar de aferrarse, por ego, a "no soltar nada", Luz entendió que el primer escalón era hacer arriendos y que, para ella, el segundo escalón consistía en concentrarse más en ventas.

Hay personas que se quedan toda la vida en arriendos, y está perfecto, porque se sienten cómodas con las cifras, con la dinámica y con el tipo de relación que se construye. Otras sienten el llamado a dar el salto al corretaje de ventas, y ahí cambian varias cosas.

En las ventas, las cifras son más grandes, las comisiones también y las responsabilidades crecen en la misma proporción. Ya no se trata de "le presto este inmueble para que viva o monte un negocio por un tiempo", sino de "le transfiero mi propiedad a cambio de que me pague".

Eso exige mirar el negocio con mayor profundidad: revisar títulos, confirmar poderes, verificar quién puede vender y en qué condiciones, y analizar el riesgo con más detalle. La buena noticia es que esa escalera se sube peldaño a peldaño, con humildad y estudio. La mejor noticia es que su honestidad la acompaña en cada paso. Mientras sube esa escalera, su labor comercial siempre tendrá que armonizar dos relaciones que, a veces, parecen tirar en direcciones opuestas.

De un lado están los propietarios, que quieren vender o arrendar al precio más alto posible; del otro, los compradores o arrendatarios, que buscan pagar lo menos posible por la mejor opción. Usted se ubica en medio de esa tensión y su mejor escudo no es un discurso bonito, sino su credibilidad y su capacidad de negociación.

El propietario le cree cuando usted le explica por qué el precio debe ajustarse si percibe que siempre ha sido leal y claro, incluso cuando las noticias no son tan buenas. La persona interesada le cree cuando usted le explica por qué ese valor es razonable si siente que no la está adornando, sino acompañando con datos y criterio.

Ser buena persona, en el mundo inmobiliario, no es un adorno moral: es una herramienta comercial y jurídica de altísimo valor. Hoy, además, la labor comercial no ocurre solo en citas presenciales o llamadas telefónicas. También sucede en redes sociales, buscadores y pantallas.

Muchas personas, antes de confiarle su inmueble o su búsqueda, harán lo mismo que usted haría: la buscarán en Facebook, revisarán su perfil en Instagram y mirarán qué aparece en TikTok o en Google cuando escriben su nombre. Por eso conviene detenerse un momento y hacer un pequeño examen de realidad. Observe sus redes actuales con honestidad y pregúntese qué imagen recibe un propietario o un comprador cuando la encuentra. A partir de ahí, puede decidir si necesita crear perfiles más profesionales para su trabajo inmobiliario y dejar en modo privado aquello que pertenece solo a su vida personal, a su familia o a sus opiniones íntimas. No se trata de fingir ser otra persona, sino de cuidar que lo que proyecta en redes esté alineado con la profesional que es y con la que quiere llegar a ser. Hoy, su tarjeta de presentación ya no es solo una tarjeta física: es su perfil público.

Volvamos a la historia de Luz y Valentina. Cuando Luz decidió que Valentina se quedara con los arriendos del norte, no "perdió" clientes, aunque en el corto plazo dejara de recibir algunas comisiones. Lo que hizo fue mostrar que respetaba a sus clientes, que no se iba a quedar con algo que no podía atender bien y que ponía su bienestar por encima de su propia comodidad. Eso, en términos de corazón inmobiliario, es oro puro.

En este mundo, las recomendaciones valen tanto como un aviso luminoso en una avenida principal. La persona a la que usted ayudó, aun sin ganar tanto, termina recomendándola. La cliente a la que usted le dijo "mejor esto no lo hagamos así" la guarda en un lugar especial de su confianza.

El propietario al que usted le sugirió "este no es el momento de vender" la recuerda precisamente por haber priorizado su interés y no el suyo. Su labor comercial no se mide solo en cierres, sino en la calidad de los vínculos que va construyendo a lo largo del camino.

Todo este segundo paso se puede resumir en una fórmula muy sencilla: credibilidad, estudio y proceso. La credibilidad nace de su historia de vida, de su coherencia y de la manera en que trata a la gente cuando nadie la está mirando.

El estudio se construye leyendo, haciendo cursos, preguntando, revisando normas y aprendiendo de cada negocio y de cada error. El proceso aparece cuando usted deja de improvisar y empieza a trabajar con rutinas, registros, modelos, guiones y herramientas que ordenan su día a día.

Si es buena persona y ha sido responsable, la credibilidad ya está en usted, aunque todavía no tenga muchos negocios cerrados. Si decide quedarse en este mundo y se compromete con el estudio y con el proceso, esa credibilidad se convertirá en un negocio serio y sostenible, capaz de crecer sin que tenga que sacrificar sus valores. Para que todo esto no se quede en una inspiración pasajera, este libro le propone un paso concreto: conocerse mejor.

Al final de esta sección encontrará un test de habilidades y otro para descubrir su perfil inmobiliario[9], pensados para ayudarle a medir cómo están hoy sus habilidades comerciales y relacionales. Este test le permitirá ver en qué parte del mapa se siente más cómodo. Puede que descubra que tiene más afinidad con los arriendos, con las ventas, con la administración, con la captación o con la gestión de cartera.

El objetivo es que no camine a ciegas, sino que ponga su corazón inmobiliario donde mejor pueda florecer: en el tipo de trabajo, de cliente y de negocio en el que su honestidad, su historia y su forma de ser se conviertan en su mayor ventaja.

Identificar qué podría fortalecer —conocimiento legal, manejo de redes, negociación u organización— es parte de ese camino. Porque, si ha sido una persona responsable y bondadosa, ya tiene el insumo del éxito. Y si, además, sabe quién es, en qué brilla y qué puede mejorar, el corazón inmobiliario deja de ser solo una intuición bonita… y se convierte en un camino profesional que puede recorrer con paso firme.

9 Los *test* son creaciones propias de las autoras. Se han elaborado a partir de experiencias personales, del trabajo con nuestros clientes y del apoyo a amigos que decidieron emprender. Durante su estructuración, hemos recurrido al uso de herramientas digitales para pulir el detalle de los perfiles.

Test de habilidades

Instrucciones: Elija la opción que mejor lo represente en cada pregunta y anote la puntuación asignada. Al final, sume los puntos para descubrir su perfil ideal.

Primer test: "¿Cómo se siente la gente cuando negocia con usted?"

Este test no busca encasillarlo, sino ayudarle a comprender cuál es su estilo natural al relacionarse con la clientela: más emocional, más relajado, más pedagógico, más orientado a la acción o más estratégico. Todas las formas son válidas. La clave está en utilizarlas de manera consciente.

1. Lea cada pregunta.
2. Elija una sola opción por pregunta (A, B, C, D o E).
3. Anote su respuesta.

Al final, cuente cuántas veces marcó A, B, C, D y E.

La letra que más se repita corresponde al estilo dominante. Si hay empate entre dos letras, se trata de un estilo híbrido (una muy buena noticia).

Preguntas del test

1. Manejo de citas
Cuando mantiene una primera reunión con un cliente potencial, su prioridad es…

A. Descubrir qué tipo de persona es, qué le preocupa y si realmente conectamos a nivel personal.

B. Asegurarse de que se sienta cómodo, reírnos un poco y que perciba el proceso como algo fácil y ligero.
C. Conocer sus problemas y necesidades específicas, y guiarlo(a) a través de su plan para resolverlos.
D. Presentarle de inmediato un par de opciones atractivas que cumplan sus criterios y preguntarle si está listo(a) para avanzar.
E. Concentrarse al 100% en el resultado: analizar su resistencia, medir el terreno y orientar la conversación hacia el cierre.

2. Resolución de conflictos

Si un cliente está molesto por un problema con la propiedad, su reacción inicial es…

A. Mostrar plena empatía, ponerse en su lugar y ofrecer disculpas para cuidar la relación por encima de todo.
B. Reducir el nivel de tensión, proponer una solución rápida y mantener una actitud positiva para evitar que se sienta abrumado(a).
C. Escuchar activamente, formular preguntas detalladas y proponer un plan de acción paso a paso.
D. Expresar con claridad: "Entiendo su frustración; concentrémonos en la solución viable, que es X".
E. Recordarle el marco del acuerdo (cláusulas, riesgos asumidos) y luego ofrecerle una solución con firmeza y seguridad.

3. Estrategia de venta (cierre)

El enfoque más efectivo para obtener una firma es…

A. Dejar que el cliente decida a su ritmo. Confía en que, al sentirse seguro con usted, pedirá los documentos cuando esté listo.

B. Crear un ambiente social en el que la firma sea la consecuencia natural de una buena conversación y de una experiencia agradable.
C. Generar un sentido de urgencia basado en datos y en la escasez del mercado, y guiar con claridad hacia el siguiente paso.
D. Ser directo: presentar las opciones y preguntar: "¿Con cuál de estas dos propiedades le gustaría que iniciemos la documentación?".
E. Asumir el cierre como un hecho y formular preguntas que den por tomada la decisión, no si desea comprar, sino cómo y cuándo.

4. Relación posventa

Una vez cerrado un negocio, su seguimiento con la clientela es…

A. Construir una relación cercana y duradera, más allá de la transacción, basada en la confianza y la afinidad.
B. Enviar una tarjeta, un detalle o un mensaje especial en momentos clave. Lo importante es que el cliente recuerde el servicio con agrado.
C. Compartir información valiosa sobre el mercado y seguir disponible como asesor(a) cuando tenga dudas o nuevos planes.
D. Limitado. Pasa rapidez al siguiente cliente, salvo que detecte algo urgente. Considera que el trabajo ya quedó hecho.
E. Selectivo. Realiza seguimiento sobre todo cuando existe potencial de nuevos negocios, alianzas o referencias estratégicas.

5. Lenguaje de negocios

¿Qué frase se parece más a lo que usted suele decir cuando habla de su trabajo?

A. "Me gusta ayudar a las personas a encontrar su lugar ideal".
B. "Esto puede ser menos estresante de lo que parece; vamos a hacerlo sencillo".
C. "Mi trabajo consiste en guiar paso a paso a lo largo de este proceso complejo".
D. "El tiempo es dinero; estoy aquí para tomar decisiones rápidas e inteligentes".
E. "Veamos los números y la estrategia. Lo importante es el resultado que se quiere lograr".

Cómo leer sus resultados

1. Cuente cuántas veces marcó cada letra:
   A = ____ B = ____ C = ____ D = ____ E = ____
2. La letra que más se repita indica el estilo que principalmente describe el suyo.
3. Si hay empate entre dos letras, se trata de un estilo combinado (por ejemplo, A + C, B + D, etc.).

Se han sustituido los nombres clásicos por arquetipos que destacan lo mejor de cada estilo. Todos son valiosos. El objetivo es utilizar el propio estilo de manera consciente.

A. Tejedor(a) de confianza

- *Enfoque:* conexión emocional profunda y relaciones a largo plazo.
- *Cómo se siente el cliente con usted:* seguro, escuchado, comprendido. No se siente "un negocio más".

- *Fortaleza:* empatía natural; genera lealtad casi inquebrantable. La recomendación surge porque el cliente se siente cuidado.
- *Mejor rol en el sector:*
  - Arriendos personalizados y de largo plazo.
  - Ventas con alta carga emocional (primera vivienda, vivienda familiar, inmuebles con historia).
- *Riesgo:* en ocasiones puede resultar difícil solicitar la firma o sostener conversaciones incómodas sobre precios, garantías o incumplimientos.
- *Palabra clave:* Cuidado.
- *Recomendación:* Entrenar fórmulas de cierre suaves sin perder el enfoque humano.
- *Ejemplo:* "Justo porque queremos cuidar esta decisión, proponemos dejar la firma agendada para el día…".

B. Anfitrión(a) positivo(a)

- *Enfoque:* Creación de un ambiente relajado, de baja presión y buena energía.
- *Cómo se siente la clientela:* Acompañada, más ligera y menos ansiosa. El proceso resulta agradable.
- *Fortaleza:* Facilidad social. Ayuda a reducir defensas y a disminuir el estrés del proceso. Atrae clientela por recomendación.
- *Mejor rol en el sector:*
  - Arriendos dinámicos y rotación de inmuebles.
  - Atención al público en salas de venta y primer filtro de *leads* en una agencia.
- *Riesgo:* Sin límites claros, algunas personas pueden no tomarse el proceso con seriedad o prolongarlo innecesariamente.
- *Palabra clave:* Confianza ligera.

- *Recomendación:* Definir momentos concretos para pasar de la conversación informal al acuerdo.
- *Ejemplo:* "Para aprovechar que el proceso va bien, ¿le parece si dejamos hoy mismo definida la siguiente visita o la reserva?".

C. Guía estratégico(a)

- *Enfoque:* Acompañamiento experto paso a paso, con explicaciones claras y organización del proceso.
- *Cómo se siente la clientela:* Orientada, informada y con mayor claridad. Confía en el criterio técnico.
- *Fortaleza:* Genera confianza a partir del conocimiento. Estructura el proceso y transforma la complejidad en caminos comprensibles.
- *Mejor rol en el sector:*
  - Ventas de alto impacto (clientes que necesitan comprender bien lo que compran: primera vivienda, grandes inversiones, clientes corporativos).
  - Emprendedor que crea manuales, procesos, guías y formaciones para otros agentes.
- *Riesgo:* Puede saturar al cliente con información o sonar demasiado técnico si no equilibra con empatía.
- *Palabra clave:* Claridad.
- *Recomendación:* Alternar datos con preguntas emocionales:
- *Ejemplos:* "¿Cómo se siente con esta opción?"; "¿Esto se ajusta a lo que se imaginaba?".

D. Impulsor(a) de decisiones

- *Enfoque:* Orientación a la acción y al resultado. Se prioriza la eficiencia y el avance.

- *Cómo se siente la clientela:* En movimiento. Percibe toma de decisiones y progreso.
- *Fortaleza:* Enfoque directo y eficaz. Facilita la identificación de personas realmente decididas.
- *Mejor rol en el sector:*
  - Ventas de alto impacto en mercados donde la velocidad es clave.
  - Gestión de negociaciones, captaciones y cierres rápidos.
- *Riesgo:* Las personas más sensibles pueden sentirse aceleradas o poco escuchadas.
- *Palabra clave:* Acción.
- *Recomendación:* Incorporar expresiones de cuidado sin perder firmeza.
- *Ejemplo:* "Esta propuesta encaja con lo que se comentó; si algo no resulta adecuado, se revisa antes de continuar".

E. Negociador(a) visionario(a)

- *Enfoque:* Alta orientación al cierre, a los números y a la estrategia global. El negocio se concibe como un tablero con objetivos claros donde todas las partes deben ganar.
- *Cómo se siente la clientela:* Protegida en los aspectos más complejos de la negociación. Percibe estructura, firmeza y visión de conjunto.
- *Fortaleza:* Autoridad y capacidad de persuasión. Análisis de escenarios, alternativas y riesgos. Visión estratégica amplia.
- *Mejor rol en el sector:*
  - Ventas complejas con desarrolladores, grandes inversionistas o proyectos de alto valor.

  - Liderazgo de equipos comerciales y definición de estrategias de venta.
- *Riesgo:* Un tono excesivamente firme puede generar presión e inhibir la expresión de dudas reales.
- *Palabra clave:* Visión.
- *Recomendación:* Humanizar la estrategia.
- *Ejemplo:* "La intención es que este sea un buen negocio hoy y a largo plazo; por eso se propone esta ruta. ¿Cómo se siente con esta opción?".

Segundo test: "Conocer su perfil inmobiliario ideal"

Elija la opción que mejor lo represente en cada pregunta y anote la puntuación asignada. Al final, sume los puntos para descubrir su perfil ideal.

1. Si pudiera elegir entre dos fuentes de ingresos, ¿cuál preferiría?

A. Ganar 1000 USD todos los meses, de forma garantizada, predecible y constante. (1 punto)
B. Ganar 10000 USD tres veces al año, con la posibilidad de no recibir ingresos en los meses intermedios. (3 puntos)
C. Ganar 3000 USD fijos al inicio, reinvertir la mitad y usar el resto para contratar apoyo que ayude a generar más negocios. (5 puntos)

2. ¿Cómo maneja un periodo de sesenta días sin recibir ninguna comisión o ingreso?

A. Le genera mucha ansiedad; necesita ingresos mensuales para sentirse tranquilo. (1 punto)
B. Es manejable; confía en que el esfuerzo se verá recompensado pronto con un cierre importante. (3 puntos)

C. Lo ve como una oportunidad para planificar, capacitarse y desarrollar nuevos procesos. (5 puntos)

3. Un cliente es indeciso y el cierre podría tardar entre seis y dieciocho meses. ¿Usted…?

A. Lo mantiene como contacto, pero enfoca su energía en clientes con cierres más rápidos. (1 punto)
B. Lo considera un proyecto a largo plazo y dedica tiempo de calidad a nutrir la relación. (3 puntos)
C. Analiza si puede crear un proceso o derivarlo a un socio para que no consuma tiempo valioso. (5 puntos)

4. En una reunión social, ¿sobre qué tema habla con mayor fluidez y pasión?

A. Sobre noticias del vecindario, servicios cercanos y la dinámica de las familias de la zona. (1 punto)
B. Sobre tasas de interés, inflación, tendencias del mercado y estrategias de negociación. (3 puntos)
C. Sobre planes a futuro, crecimiento del equipo y herramientas tecnológicas en exploración. (5 puntos)

5. ¿Qué tipo de contenido consume con mayor frecuencia para mejorar su carrera?

A. Tutoriales breves para optimizar anuncios o conseguir *leads* de arriendo en redes sociales. (1 punto)
B. Análisis detallados de economía, finanzas corporativas y seminarios sobre valoración de inmuebles complejos. (3 puntos)
C. Cursos sobre liderazgo, gestión de equipos, delegación y creación de marca personal o de agencia. (5 puntos)

Resultados

5 a 10 puntos: Perfil A. *Agente de arriendos especializado* (flujo de caja)

Su perfil es conservador y busca estabilidad.

- *Habilidad clave:* Atención al detalle y rapidez operativa.
- *Recomendación:* Comience especializándose en arriendos. Los ciclos son rápidos, el flujo es constante y le proporcionará una base financiera para cubrir gastos mientras desarrolla su marca.

11 a 19 puntos: Perfil B. *Agente de ventas de alto impacto* (alto riesgo / alta recompensa)

Su perfil acepta el riesgo.

- *Habilidad clave:* Persistencia y visión estratégica orientada a ventas.
- *Recomendación:* Inicie en ventas. Los cierres de mayor tamaño generan comisiones elevadas, aunque suelen requerir más tiempo. Es aconsejable contar con un fondo de emergencia para afrontar periodos sin ingresos.

20 a 25 puntos: Perfil C. *Emprendedor inmobiliario* (escalabilidad y liderazgo)

Su perfil es claramente de liderazgo.

- *Habilidad clave:* Delegación y visión de largo plazo.
- *Recomendación:* Comience dominando ambas áreas —arriendos y ventas— para comprender los procesos. Luego, invierta en sistemas y en personas, con el

objetivo de construir una estructura en la que no sea la única persona encargada de vender.

Al terminar estos dos test, conviene recordar algo muy sencillo, pero poderoso: todas las personas son diferentes y, justamente por eso, el mundo funciona. No hay un perfil "mejor" que otro, lo importante es que cada quien esté en el lugar donde mejor sirve, donde su forma de ser se convierte en una fortaleza y no en una carga. Cuando se honra el estilo natural y se pone al servicio de los demás, se trabaja con más calma, se obtienen mejores resultados y se vive el proceso con mucha más claridad. Por eso, más que encasillarle, estos resultados buscan ofrecerle una brújula:

Si su resultado fue Perfil A o B, lo recomendable es partir de lo que ya sabe hacer bien. Empiece por su especialidad, sin sentirse obligado a abarcarlo todo desde el primer día. Cuando cuente con seis meses de flujo de caja sólido y predecible (Perfil A), o al menos tres cierres exitosos (Perfil B), ese será el momento adecuado para comenzar a explorar el área complementaria y diversificar. Primero la raíz, luego las ramas.

Si su resultado fue Perfil C, el orden es distinto. El primer paso no es salir a vender con prisa, sino construir su marca y crear un manual de procesos que le permita delegar desde el día uno de manera clara y eficiente. Su potencial está en convertirse en un sistema, no en una sola persona que intenta hacerlo todo.

Como autoras, lo invitamos a lo mismo que a quien se asomó a estos test: abrace quién es, diseñe su estrategia desde ahí y dese el permiso de construir un negocio en el que usted también se sienta en casa. Ahí es donde, de verdad, se volverá imparable.

SEGUNDA **PARTE**

Aspectos legales y el orden como estructura estratégica

El mundo de los abogados suele ser un mundo de clichés: "los abogados tienen plata", "mejor búsquese un abogado porque lo van a joder", "entre abogados se entienden" y, como esas, muchas otras que quizá se le hayan venido a la cabeza al leer estas líneas. Esa es una versión bastante cinematográfica de lo que implica ser abogado o trabajar como uno en el sector inmobiliario.

La verdad es que el abogado inmobiliario suele ser más un personaje de apoyo y de consulta y, muchas veces, solo de refrendación. En la mayoría de los casos, usted ya sabe lo que tiene que hacer y lo está haciendo bien, pero , entonces, puede surgir una duda puntual o requerirse una precisión más técnica, aun cuando la orientación general sea correcta.

Es común que, al entrar en este mundo, se dé cuenta de que incluso los propios clientes intuyen la respuesta, pero prefieren estar seguros. Esto no ocurre por azar. Quienes trabajan en este sector se han ocupado de aprender los aspectos legales que atraviesan los negocios porque están presentes todo el tiempo y desconocerlos puede hacerle quedar mal frente a un cliente que, de manera casual, le formula una pregunta legal mientras usted recorre una propiedad.

Esto sucede porque, a diferencia de otros negocios, en el sector inmobiliario existen unos mínimos legales que son bastante consistentes, siguen casi siempre la misma estructura y con los que usted debe trabajar todos los días. Esa es la razón por la que se ha decidido dedicar una parte completa de este libro a los aspectos legales.

Pero no se asuste. La única advertencia antes de avanzar es que recuerde su compromiso de aula: se espera que lea despacio, que subraye, que dialogue consigo mismo y se haga preguntas. Si no entiende algo, es válido detenerse, ir por una taza de café y volver a leer.

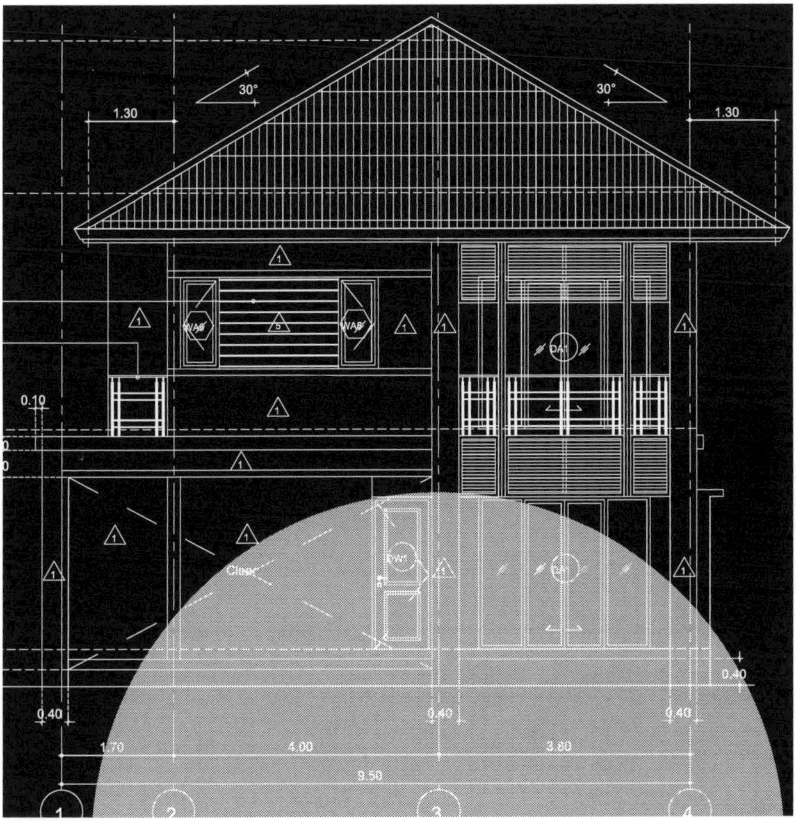

La creatividad es la inteligencia divirtiéndose,
pero el éxito es la creatividad trabajando.

Anónimo

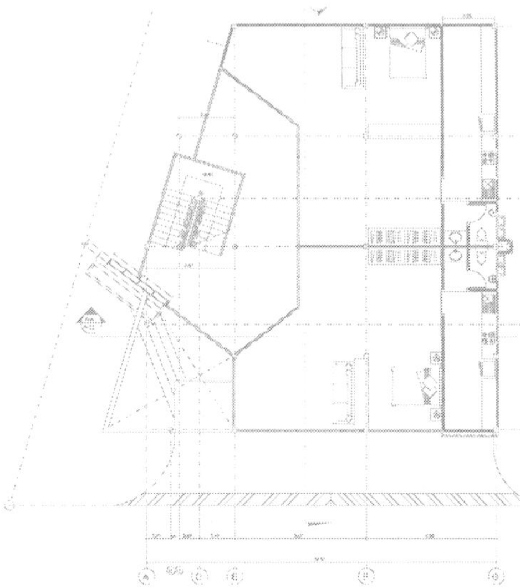

CAPÍTULO 08

Dalia: la niña que vendía cachorros y la mujer que perdió el miedo a intentar

El rigor de la ley no tiene por qué estar reñido con la audacia de la imaginación. A través de la historia de Dalia, usted descubrirá que el "corazón inmobiliario" se nutre de la curiosidad infantil y se fortalece con la precisión técnica. Así, perderle el miedo a la terminología legal resulta más sencillo de lo que parece.

La primera empresa de Dalia no tuvo registros en la Cámara de Comercio ni RUT. Tuvo algo mucho más peligroso y divertido: una perrita, varias crías y una maleta escolar. Tenía doce años cuando se le ocurrió la idea. La mascota era el orgullo de su tía Ana Cecilia, pero para Dalia también representaba una oportunidad. Cada mañana, antes de salir al colegio, escondía una de las crías en su maleta. Llegaba a clase camuflando los movimientos con saltitos exagerados por el andén.

Una vez dentro, desplegaba su modelo de negocio: vendía cada cachorro por USD 0.79 —cuando esa suma era una pequeña fortuna— y, de paso, ofrecía pañales de bebé y teteros de segunda mano para que las nuevas "dueñas" pudieran cuidarlos. El paquete de servicios incluía, además, asesoría personalizada para esconder el perro de los padres y, en caso de ser descubiertas, instrucciones precisas para suplicar permiso. Todo estaba pensado: producto, accesorios, manual de uso y manejo de crisis.

El negocio se vino abajo una mañana calurosa, cuando su madre descubrió los extraños movimientos de la maleta y la obligó a "liquidar la empresa", devolver los cachorros y pedir disculpas. Pero, lejos de traumatizarse, Dalia conservó una sensación que nunca desapareció: *la emoción de convertir una idea en algo real.*

Ese miedo natural a intentar algo *nuevo, raro* o *diferente* se transformó, desde entonces, en curiosidad. Con los años, esa curiosidad derivó en pasión por los negocios, por las soluciones poco obvias y por encontrar oportunidades donde otros solo veían problemas.

La vida la llevó a estudiar, trabajar, construir una carrera y acumular lo que, en este libro, llamamos "horas de vuelo". Horas dedicadas a enfrentar lo que no se debe hacer, a recoger errores ajenos y a diseñar salidas técnicas, legales y creativas para "sacar la pata" de situaciones complejas. Horas observando de cerca tanto a quien fracasó por no seguir un método como a quien prosperó porque se dejó guiar, se formó y tomó decisiones valientes.

Dalia tiene una mirada que va más allá del ladrillo: ve las historias que se juegan detrás de un contrato, las tensiones entre familias, los miedos de quien firma, las trampas de quien abusa y las posibilidades legales que pueden proteger o destruir un patrimonio.

Hasta este punto del libro, le hemos abierto nuestro corazón sin reservas y le hemos contado cosas que algunos amigos —los más cercanos— no conocen. Ya lo consideramos parte de "nuestra gente". Si usted siente lo mismo, búsquenos. Estamos abiertas a escucharlo, apoyarlo y acompañarlo.

Llegados aquí, usted puede preguntarse cómo se escribe un libro a dos manos, quién hizo qué o si esta parte la redactó solo la abogada. La verdad es que nosotras mismas aún estamos procesando cómo lo hicimos. Conversamos tanto y cruzamos tantos textos, borradores, ideas y esquemas que, al final, hay algo de nosotras en cada palabra, sin importar quién encontró la formulación definitiva o decidió cambiar el nombre de un capítulo. Con este libro cerramos el círculo; por eso somos luz y color. Luz aporta la solidez de los números; Dalia, la precisión de la ley. Pero juntas damos forma a algo que nos contiene a ambas: el color de la estrategia.

El derecho está presente en casi todo. Acompaña a las familias que arriendan su única propiedad para subsistir; también a los inversionistas extranjeros que apuestan por el país. Brilla con fuerza en la estructuración de proyectos complejos para estratos altos y aporta seguridad cuando se busca un subsidio para adquirir una vivienda de interés social. Está presente incluso en el intercambio que puso este libro en sus manos, ya sea porque lo compró o porque alguien se lo regaló. Así que, en esta parte, vamos a adentrarnos un poco en el mundo de los abogados.

¡Acompáñenos!

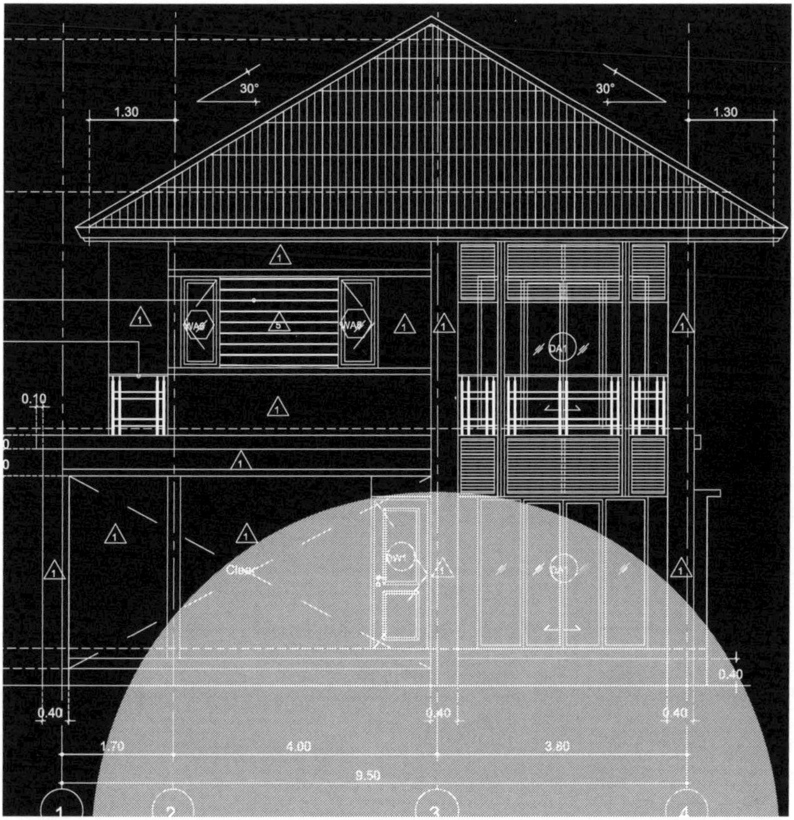

La ley es la regla por la cual se debe dirigir nuestra conducta; es la garantía de nuestra libertad y de nuestra propiedad.

—Andrés Bello

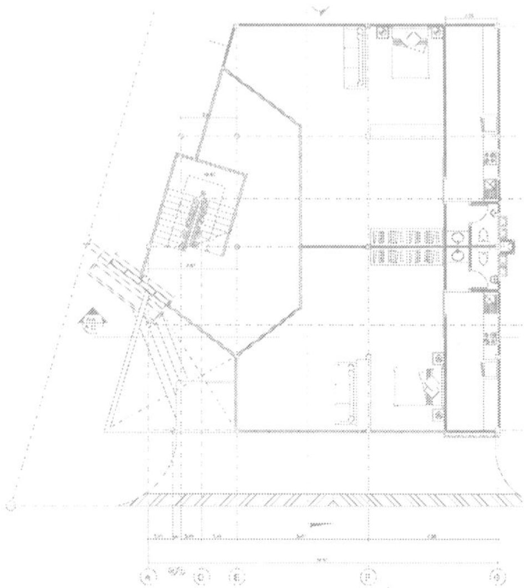

CAPÍTULO 09

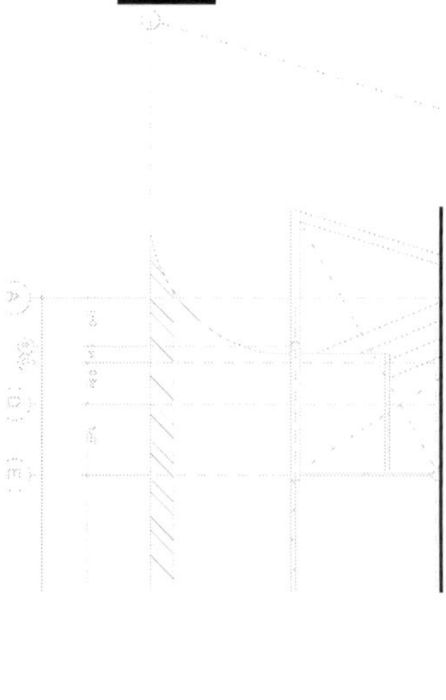

Lo que todos deberían saber sobre el derecho

El derecho no es un laberinto confuso, sino un sistema con una lógica interna que usted puede dominar. Al comprender las reglas del juego legal, encontrará la seguridad necesaria para tomar decisiones inmobiliarias sin miedo, sabiendo cuándo una norma le permite actuar y cuándo le impone un límite.

A pesar de lo complejo que pueda parecer, el derecho es un sistema que funciona con una lógica interna. Si usted conoce esta lógica, podrá entender e incluso resolver los problemas más comunes, aun cuando nunca se haya enfrentado antes a ellos[10].

10 No nos malentienda. No le estamos aconsejando que despida a su abogado ni que deje de contratar a uno, así sea de cuando en cuando para que le dé una mano. Lo que sí le estamos diciendo es que, si usted se informa y entiende cómo funciona el mundo de los abogados, podrá solucionar los problemas con más tranquilidad y, de paso, sacarles provecho cuando los consulte.

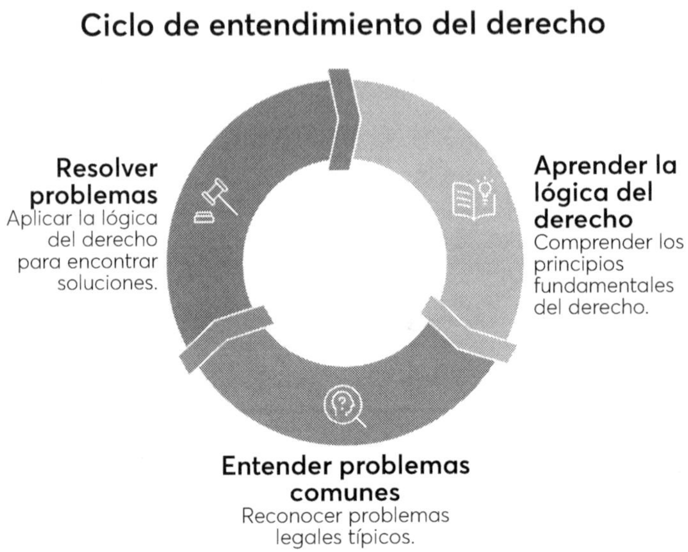

Gráfico creado por las autoras utilizando la tecnología de visualización de Napkin Pro.

Para no perderse dentro de ese *sistema*, es importante saber que existen normas que están por encima de otras. A esto los abogados lo llamamos *jerarquía normativa*. Por ejemplo, la Constitución es superior —está "por encima"— de una ley común o de menor jerarquía. Por eso, en algunas ocasiones, usted afirma: "Pero es que yo leí que...", y el abogado le responde algo como: "Entiendo, pero no se puede porque la Constitución lo prohíbe".

También es posible que exista una norma que regule exclusivamente un tema: una *ley especial*. En ese caso, usted debe aplicarla con prioridad y preferencia frente a una *ley general*.

¿Qué ley ha de aplicarse en un escenario legal?

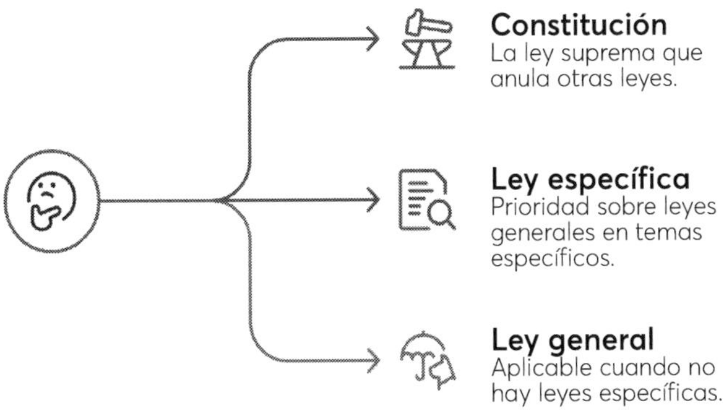

Gráfico creado por las autoras utilizando la tecnología de visualización de Napkin Pro.

El asunto adquiere mayor complejidad cuando, en un mismo caso, es necesario armonizar leyes de distinta jerarquía o especialidad. Sin embargo, con una lectura cuidadosa, atención al contexto y enfoque en los detalles, usted puede orientarse adecuadamente.

Caso práctico: la ley de arrendamientos puede permitir desalojar a un inquilino que no paga la renta (asumamos que así lo establece la ley de arrendamientos, que es especial). Sin embargo, en el momento del desalojo se advierte que hay menores de edad. A los menores no se les puede sacar a la calle, porque existe una norma que los protege y que tiene preferencia, puesto que se aplica de manera concurrente con la Constitución. La Constitución, junto con la ley de infancia, prevalece sobre la ley especial de arrendamientos.

Si usted nos lee desde un país distinto de Colombia, con seguridad encontrará en su legislación local una norma similar. Los principios generales de este sistema suelen ser universales.

El artículo 4 del Código Civil colombiano establece lo siguiente: "El carácter general de la ley es mandar, prohibir, permitir o castigar". *Mandar, prohibir, permitir* o *castigar* son cuatro verbos y, a la vez, los cuatro tipos de historias que puede contar una norma.

Las normas hacen una o más de estas cosas

Gráfico creado por las autoras, utilizando la tecnología de visualización de Napkin Pro.

Para comenzar a leer leyes, usted puede prestar especial atención a estas palabras, lo que le permitirá comprender el efecto o la consecuencia de una norma determinada. De este modo, se aproxima con claridad y seguridad a los conceptos básicos y puede aventurarse a leer un artículo de cualquier norma sin perderse.

Dominar el contenido de este capítulo le permitirá formular y responder las preguntas adecuadas ante un asunto concreto, así como razonar con lógica e "intuición" entrenada sobre lo que debe considerarse en un negocio específico.

Recuerde: existen mínimos que usted debe entrenar para avanzar en el mundo inmobiliario. Las bases presentadas en este capítulo son uno de ellos.

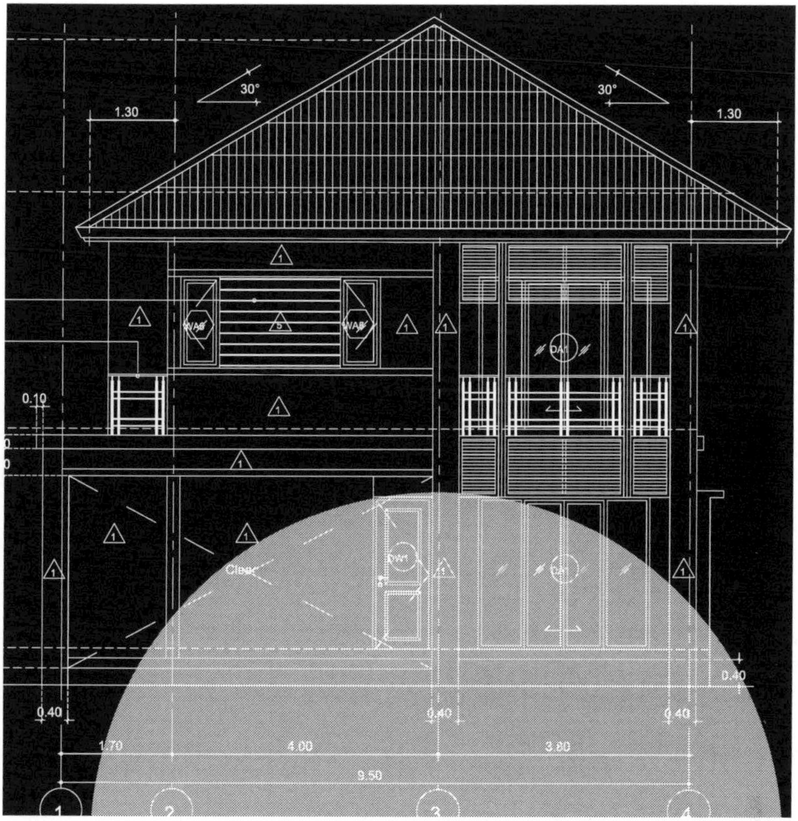

Solo hay una manera de hacer las cosas bien la primera vez: leer las instrucciones.

Anónimo

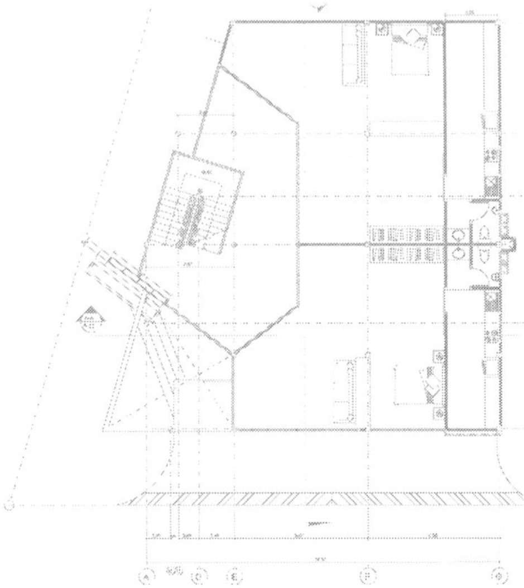

CAPÍTULO 10

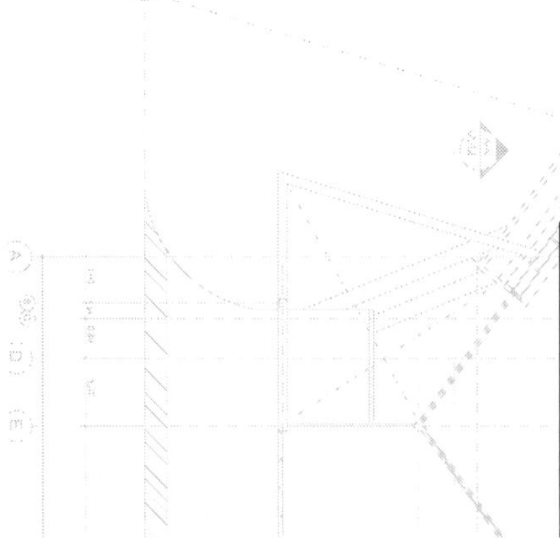

El contrato de mandato

Este capítulo establece el marco legal que rige la relación entre el propietario y el gestor inmobiliario. Se enfoca en desmitificar la figura del administrador, que deja de ser un simple recaudador de rentas para convertirse en un mandatario responsable, con deberes y límites claros. Aquí queremos darle una base legal al corazón inmobiliario. No se trata de volvernos abogados de un día para otro, sino de entender qué normas mandan, qué contratos usamos y qué responsabilidades nacen cuando administramos y arrendamos inmuebles.

Piense en este capítulo como su manual de instrucciones para no perderse en la ley: el conocimiento suficiente para saber por dónde caminar y cuándo es necesario pedir ayuda.

¿Qué es administrar un inmueble?

Cuando hablamos de "administrar" un inmueble no nos referimos únicamente a cobrar el arriendo. Administrar implica ordenar, disponer y organizar los bienes para que funcionen, produzcan renta y conserven su valor en el tiempo. En la práctica, la administración inmobiliaria transita por uno de dos caminos:

Primer camino: gestión para arriendo

El propietario firma un contrato de administración con una inmobiliaria o con una persona dedicada a esta actividad.

Esta administración busca arrendatarios, aplica filtros, firma contratos, recauda el canon y gestiona el día a día del inmueble.

Segundo camino: intermediación para venta (corretaje)

El propietario encarga a un corredor o a una inmobiliaria la tarea de conseguir comprador. El profesional pone en contacto a las partes, acompaña la negociación y, si la venta se concreta, cobra una comisión.

El contrato de administración y el mandato: la columna vertebral

En Colombia, el contrato de administración de inmuebles es tan relevante que incluso la Corte Constitucional lo ha analizado como una figura con rasgos propios. En esencia, el *contrato de administración de inmuebles* es aquel que celebran los propietarios con una inmobiliaria o con un profesional que se dedica de manera habitual al arrendamiento, con el fin de regular su relación antes de que el administrador entregue el inmueble en arriendo.

Es decir, antes de que exista un contrato de arrendamiento con el inquilino, ya hay un acuerdo previo entre el propietario y la persona o empresa que se encargará de la administración.

En este contrato se define qué puede hacer la inmobiliaria, cómo debe hacerlo, cuánto cobra y de qué responde si algo sale mal. Sobre este acuerdo se estructuran todos los demás negocios que vendrán después. Como este contrato sectorial no cuenta con una regulación específica, se construye y se rige a partir de una figura jurídica clásica: el contrato de mandato.

El *contrato de mandato* es el acuerdo mediante el cual una persona, el *mandante*, confía a otra, el *mandatario*, la gestión de uno o varios negocios por cuenta y riesgo del mandante. Trasladado al mundo inmobiliario, el mandato se concreta en acciones muy específicas. A quien administra se le encomiendan *actividades de promoción*, como mostrar el inmueble, recibir y estudiar los documentos de identificación y de capacidad financiera de las personas interesadas en arrendar la propiedad. El administrador debe decidir si un candidato es confiable y, de ser así, avanzar con la firma del contrato en nombre del propietario. Una vez firmado el contrato, se le asignan *actividades de gestión recurrente*, como cobrar los cánones, descontar lo necesario para el sostenimiento —cuando aplique— y girar el rendimiento neto al propietario. Dentro del objeto del contrato también se contemplan *actividades sobrevenidas*, como desarrollar visitas para verificar el estado del inmueble, identificar una afectación o daño puntual y coordinar las reparaciones correspondientes. Lo importante es entender que este encargo —el de administrar— no es un acto caprichoso, sino una labor que implica un alto grado de responsabilidad, ya que se actúa en nombre de otra persona y existe el deber de *rendir cuentas*.

Es una labor compleja, pero también gratificante e incluso divertida. El mercado suele ser altamente competitivo y, si usted no se posiciona con algún diferencial, el camino se vuelve más difícil. No obstante, si apenas está empezando y dispone de tiempo para atender con dedicación a sus primeros clientes, ese ya es un valor apreciable.

Le contamos esto porque es fundamental no caer en la trampa de ofrecer más de lo que corresponde, de modo que se termine rompiendo el equilibrio propio de una relación sana de administración inmobiliaria.

En este contexto aparece lo que podríamos llamar el *síndrome del inmobiliario Superman* o de la *Mujer Maravilla*". Ocurre cuando un profesional mal enfocado hace ofertas del tipo: "Permítame administrar su propiedad y reciba su renta el día 10 de cada mes, así el arrendatario no pague". Sobre el papel suena como un superpoder, pero detrás de esa promesa solo pueden existir riesgos mal calculados o, en algunos casos, un engaño. Usted no puede responder por el no pago de un inquilino, porque no es su garante ni un deudor solidario (más adelante explicaremos estas figuras). Lo que sí puede y debe hacer es gestionar ese evento negativo, desplegando todos los recursos a su alcance para iniciar el cobro de la cartera. Esto se hace como se cobra cualquier deuda: mediante requerimientos, comunicaciones formales, aplicación de sanciones, visitas y demás gestiones permitidas, siempre dentro del marco legal.

Más adelante, en este libro, aprenderá con detalle sobre las diferentes formas de garantía que puede elegir como administrador inmobiliario para proteger los intereses del propietario que arrienda.

Ciclo de la gestión inmobiliaria

Gráfico creado por las autoras, utilizando la tecnología de visualización de Napkin Pro.

Como ya lo está anticipando, este contrato es amplio y flexible, y depende en gran medida de su punto de partida. A modo de guía, le dejamos una lista orientativa sobre los deberes de las partes.

En la relación mandante (propietario-mandatario), existe un alto nivel de confianza, pero también deberes concretos para ambas partes.

El mandatario debe:

- Cumplir la gestión conforme al encargo.
- No extralimitarse respecto de lo que le fue autorizado.

- Rendir cuentas claras y periódicas.
- Responder cuando actúe con culpa o negligencia.

El mandante (usted) debe:

- Proveer los recursos necesarios para la gestión cuando así se haya pactado, por ejemplo, para reparaciones urgentes.
- Pagar la remuneración acordada.
- Reembolsar los gastos razonables realizados en su nombre.
- Indemnizar al mandatario por pérdidas que no sean consecuencia de su actuación.

Cuando cada parte comprende sus deberes, las expectativas se ordenan y resulta más fácil construir una relación de largo plazo. Ahora bien, ¿qué hacer si se presenta una situación no regulada en el contrato de administración? Si el contrato no define con claridad las tareas del administrador o las responsabilidades del propietario, la ley comercial le otorga al mandatario (usted) ciertas herramientas para actuar. ¿Y cuándo termina el mandato y qué pasa después? Pues ocurre que el mandato no es eterno: puede terminar por cualesquiera de las siguientes razones:

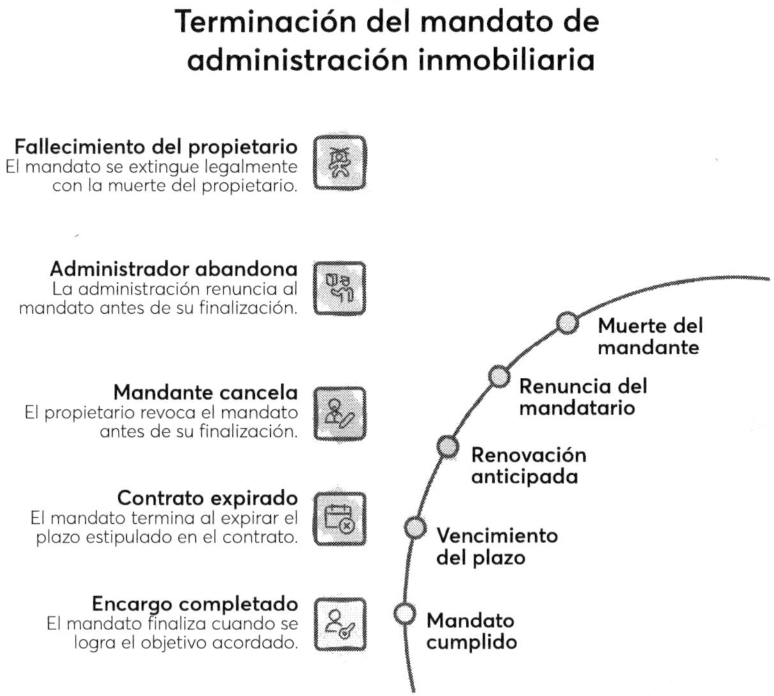

Gráfico creado por las autoras, utilizando la tecnología de visualización de Napkin Pro.

Por ello, es útil que el contrato de administración responda, aunque sea de manera sencilla, a preguntas muy prácticas:

- ¿Qué sucede si el propietario quiere cambiar de inmobiliaria antes del plazo?
- ¿Qué ocurre con los procesos de cobro que ya están en curso?
- ¿Cómo se entregan los archivos y la información?
- ¿Qué se hace con los contratos de arrendamiento vigentes y con los depósitos o garantías?

Estos detalles, que con frecuencia se dejan "para después", son los que evitan conflictos cuando la relación termina. Para regularlos no existen fórmulas mágicas. Nuestra sugerencia es pensar primero cuál es la consecuencia deseada y luego plasmarla con claridad en el contrato que se firme.

Cómo se cobra la administración (y cómo negociarla mejor)

La forma de cobrar la administración también debe quedar claramente establecida. Lo habitual es que se pacte una remuneración por sus servicios de alguna de las siguientes maneras:

- Un porcentaje sobre el canon de arrendamiento; por ejemplo, un ocho por ciento mensual (8%).
- Un honorario fijo, independiente del valor del canon: una cifra exacta.
- Un *fee* global que incluye, en un solo precio, la administración y ciertos servicios adicionales, como cobro prejurídico, visitas periódicas, pago de pólizas, provisión para imprevistos o reportes especiales. Una parte corresponde al ingreso real y otra constituye una instrucción para usar recursos de la renta en pagos a terceros.

Todas las negociaciones son válidas. Lo importante es que el modelo sea comprensible para el propietario, sostenible para el administrador y coherente con el nivel de riesgo y de trabajo que se asume.

Tarea

Saque papel y lápiz y elabore una tabla comparativa sencilla. Presente, para un caso hipotético, lo que usted podría cobrar en cada modalidad, junto con sus principales ventajas y desventajas. Este ejercicio permitirá al lector negociar su contrato de administración con mayor criterio y menos improvisación, honrando el corazón inmobiliario, pero con los pies firmes en la realidad jurídica.

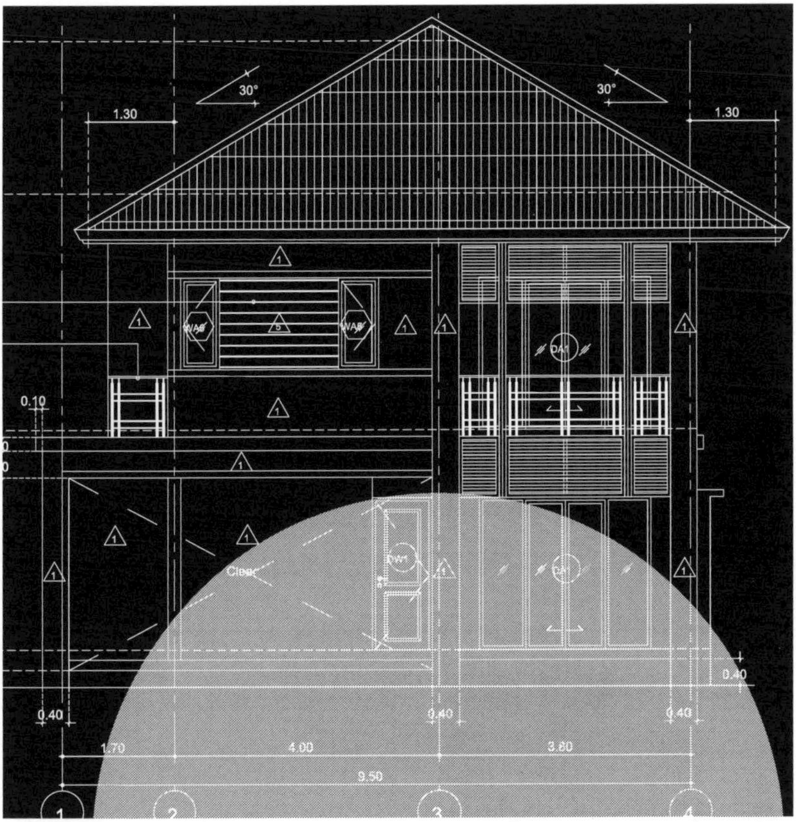

La buena comunicación es el puente entre la confusión y la claridad.

—Nat Turner

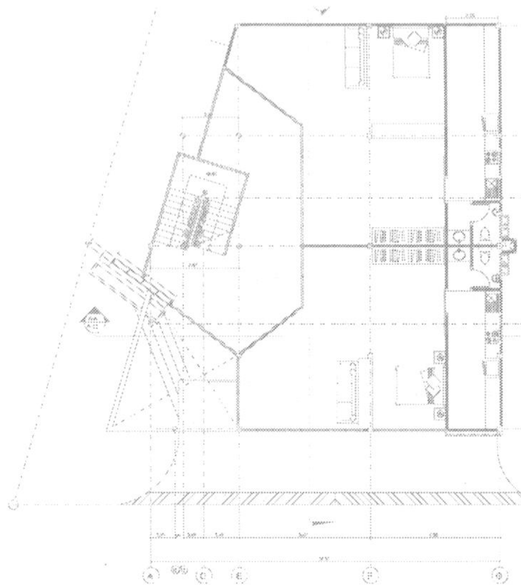

CAPÍTULO 11

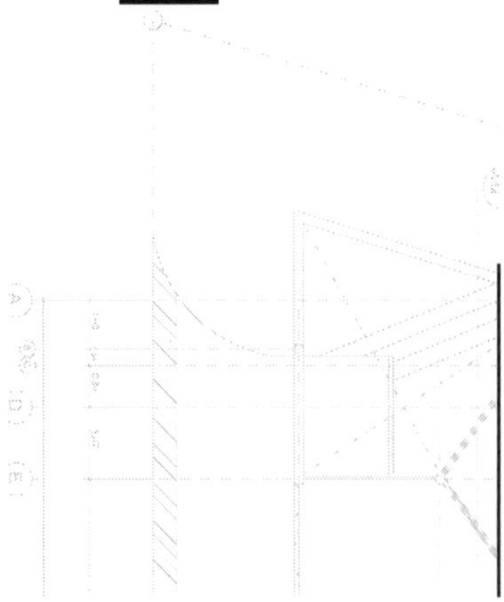

El contrato de arrendamiento

Este capítulo define el contrato de arrendamiento como un ejercicio de equilibrio entre los intereses del propietario y los del arrendatario. El administrador actúa como un árbitro que asegura la rentabilidad del activo y el respeto al derecho a la vivienda. Aquí conocerá las particularidades de los arriendos comerciales y sus diferencias frente a los contratos de vivienda urbana. En las próximas líneas queremos compartir con usted lo que hemos descubierto y, además, revelarle algunas prácticas insólitas en torno a un contrato que, a pesar de ser muy conocido, suele generar grandes dolores de cabeza.

Un *contrato de arrendamiento* es un acuerdo al que llegan dos partes con intereses distintos. Conciliarlos es el reto del administrador inmobiliario. Por una parte, hay una persona que posee un inmueble y no lo utiliza. Por otra, hay alguien que sí lo necesita, pero de manera temporal. Ambas partes acuerdan entonces que la primera lo cede a la segunda para su uso durante un tiempo determinado, a cambio de un pago mensual: *el canon*.

El contrato de arrendamiento es un contrato de alta relevancia social por tres razones:

1. **Interés del Estado:** La razón de su existencia concierne al Estado y debe ser lícita: el uso que se dará al inmueble no puede estar vinculado a actividades ilegales o

prohibidas. Si se trata de vivienda urbana, este interés se amplía, ya que implica la regulación de un derecho social: el derecho a una vivienda digna.

2. **Interés económico de las partes:** Para el propietario, que asume responsabilidades tributarias importantes derivadas de la propiedad, resulta fundamental que este activo sea productivo en una proporción razonable. Dicha razonabilidad se evalúa en cada caso, según las condiciones socioeconómicas del propietario. En términos generales, una propiedad bien arrendada no debería destinar más del equivalente a dos cánones —de los doce del año— a mantenimiento y provisiones, al menos parciales, para impuestos o reparaciones. Para el arrendatario, que por lo general no dispone de los recursos necesarios para adquirir un inmueble, pero sí requiere un lugar adecuado y a un precio razonable donde pueda vivir dignamente, el equilibrio económico también es central, de acuerdo con sus necesidades y posibilidades financieras.
3. **Tensión propia del negocio:** En el ámbito de los negocios, el arrendador buscará un canon elevado y evitará gastos adicionales que desajusten sus cálculos financieros, mientras que el arrendatario procurará un canon más bajo y que el propietario asuma el sostenimiento y el mantenimiento del inmueble. La misión del administrador consiste en acercar estas posiciones y actuar como árbitro en materia de reparaciones y mantenimiento.

El desafío radica en conocer las particularidades de cada tipo de contrato, ya que en Colombia existen tres fuentes normativas a las que es necesario acudir. El arrendamiento no se regula siempre de la misma manera: los tres grandes regímenes que pueden aplicarse a un mismo tipo de negocio, según el inmueble y el uso que se le otorgue, responden a contextos históricos y necesidades distintas. A continuación se presenta el mapa general y, en las páginas siguientes, se explicarán paso a paso los posibles caminos.

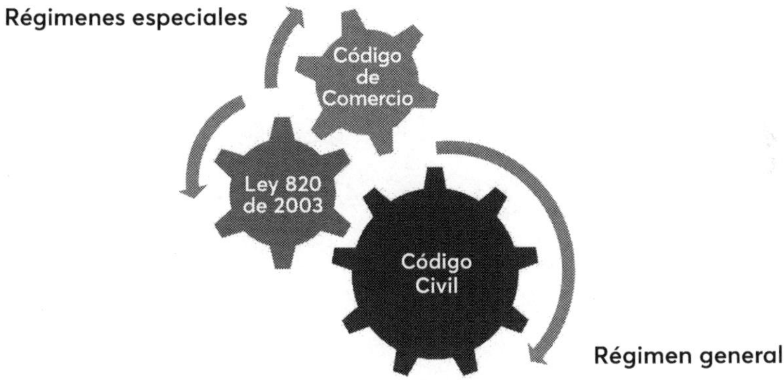

Gráfico creado por las autoras utilizando PowerPoint.

El *régimen general o civil*, previsto en el Código Civil, actúa como régimen residual: se aplica cuando no existe una norma especial. Allí se regulan asuntos como la entrega y restitución del bien, la mora, las indemnizaciones y el tratamiento de las mejoras.

El *régimen comercial* entra en juego cuando se trata de locales de comercio que cumplen ciertos requisitos de estabilidad y clientela. Su foco está en proteger el uso del local como herramienta de empresa y, en determinados casos, reconocer derechos a la renovación o a indemnizaciones cuando esta no se renueva sin causa. Regula de manera particular ámbitos como el subarriendo, la cesión del contrato y algunos procesos especiales ligados al comercio.

En Colombia, existe el *régimen especial de vivienda urbana*. Está pensado exclusivamente para inmuebles urbanos destinados a vivienda. Busca equilibrar el derecho a una vivienda digna con el derecho de propiedad del arrendador y suele estudiarse por bloques: reglas del contrato, regulación de la actividad profesional, esquemas de inspección y vigilancia y aspectos procesales para resolver conflictos. Saber en cuál de estos tres regímenes se encuentra su contrato importa mucho, porque cambian las reglas de juego: los plazos para terminar, los motivos válidos para hacerlo, los derechos que no se pueden renunciar y la forma en que una autoridad interpretará el conflicto.

Un tema que siempre genera roces es el de las reparaciones y los mantenimientos: quién paga qué y en qué momento. La ley clasifica las reparaciones en varios grupos y, según esa clasificación, cambia la persona obligada.

Las *reparaciones necesarias o indispensables* son las que evitan la ruina o el deterioro grave del inmueble, como daños estructurales o goteras que comprometen la seguridad. Normalmente están a cargo del propietario, porque se relacionan con la conservación misma del bien.

Las *reparaciones locativas* derivan del uso normal del inmueble: pintura interior, pequeños daños por desgaste, vidrios rotos por mal uso, ajustes menores. Por regla general, corresponden al arrendatario, porque son consecuencia directa de habitar o utilizar el espacio.

Sin embargo, debemos advertir que el nombre de este tipo de reparaciones y su alcance genera debate entre los abogados. Pero excede la intensión de este libro entrar en esos debates.

Existen también las *reparaciones útiles*, que mejoran el uso del inmueble sin ser estrictamente necesarias, como adecuar un espacio de trabajo o instalar un mueble adicional. En estos casos lo más sano es pactar, porque el propietario no siempre está obligado a asumirlas y conviene dejar claro si luego habrá o no reembolso.

Por último, están las *reparaciones suntuarias o de lujo*, centradas en embellecer el inmueble sin que sean indispensables para su uso: acabados de alta gama, decoraciones especiales o cambios puramente estéticos. En principio, las asume quien decide realizarlas. Cuando algo no es necesario, pero se hace, suele hablarse de una *mejora*. Si esta mejora la hace el arrendatario para hacer más fácil su actividad o uso del inmueble, deriva en una *adecuación*.

Cada término tiene su regulación y se puede gestionar de diferente manera.

Para evitar conflictos, es clave que el contrato incluya ejemplos y explique de forma sencilla quién asume cada tipo de reparación. Aquí ayudaría un cuadro o descripción que explique "quién paga" (propietario o arrendatario) con que "tipo de reparación, mejora o adecuación" (necesaria, locativa, útil, suntuaria).

Es común que cuando se presenten los hechos sea usted como administrador del inmueble quien deba estudiar el caso y tomar partido.

Tipos de reparaciones y mejoras en la propiedad

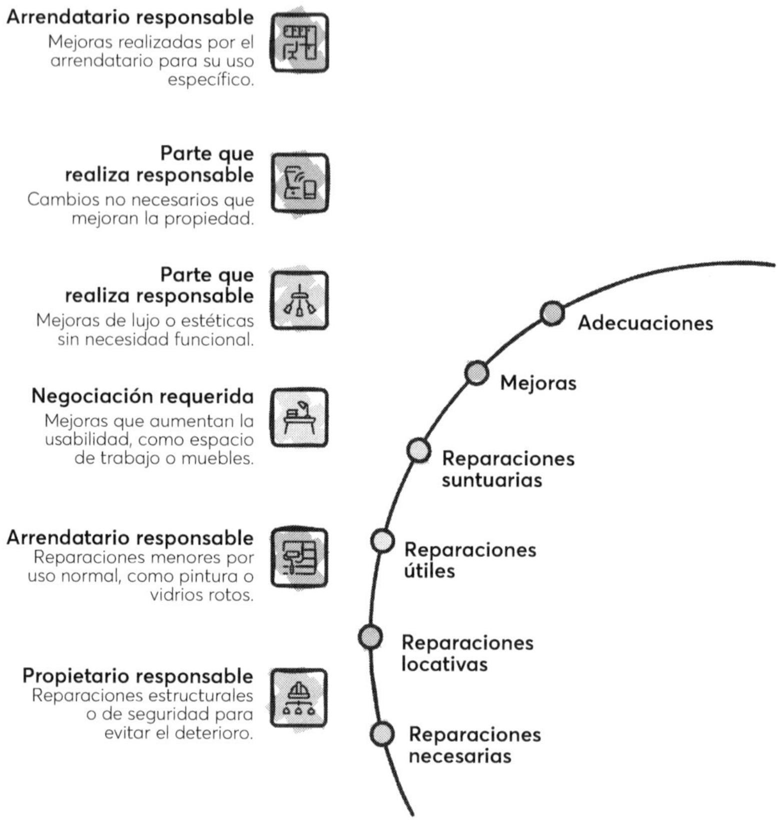

Gráfico creado por las autoras, utilizando la tecnología de visualización de Napkin Pro.

Hay mucho que aprender sobre este contrato, pero usted ya tiene una base para empezar a construir su propia base de datos inmobiliaria. Más adelante retomaremos estos temas para hablarle del negocio en la práctica: los seguros, las fianzas y el manejo tributario. Vamos paso a paso.

Por último, aquí queremos dejarle una tarea especial, muy en clave de corazón inmobiliario: consulte en Internet la Ley 820 de 2003 —o la norma que, en su país, regule el arriendo de vivienda— y dedique unos minutos a leerla con curiosidad. Marque al menos tres aspectos que le llamen la atención: un derecho que no conocía, una obligación que le sorprenda, un procedimiento que quiera entender mejor. Un corazón inmobiliario es curioso.

En Colombia no existe un solo portal del sector inmobiliario que reúna todo, pero sí hay plataformas oficiales en las que usted puede consultar leyes y normas.

Tarea

Investigue, busque aquí y allá, compare, pregunte, piense y aprenda. Es una forma de ser y, para usted, será también la forma de empezar a actuar[11].

11 Sugerimos iniciar su búsqueda en Google o en buscadores similares y luego ubicar los sitios web que tengan terminaciones en ".gov.co". Por ejemplo: http://www.secretariasenado.gov.co/senado/basedoc/ley_0820_2003.html

Si se encuentra fuera de Colombia, haga lo mismo, pero utilizando la terminación asociada a su país.

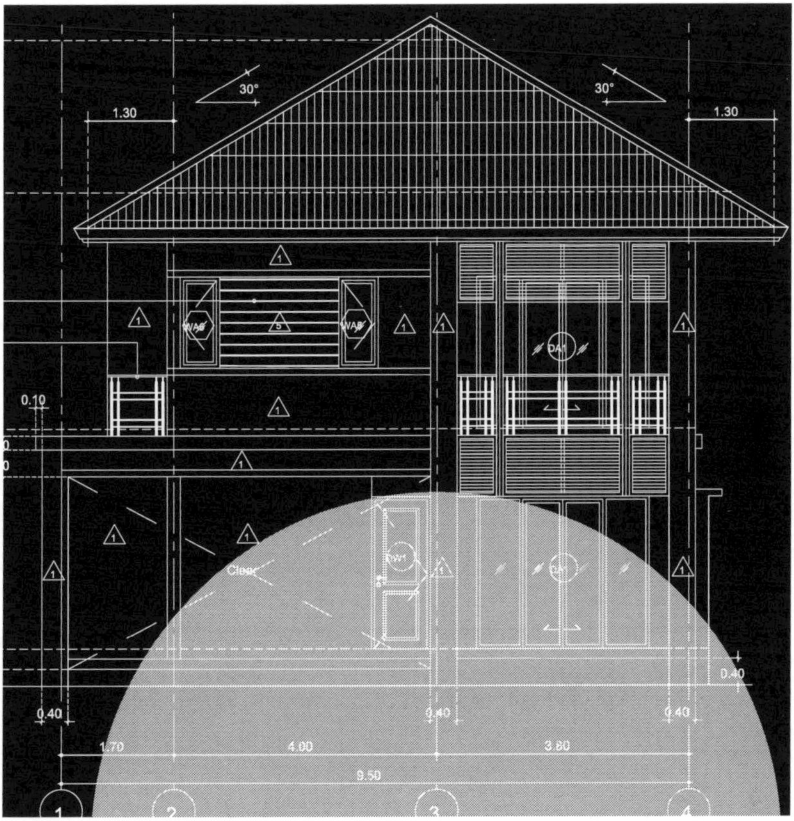

Puedes obtener todo lo que deseas en esta vida, si ayudas al suficiente número de personas a obtener lo que ellas desean.

—Zig Ziglar

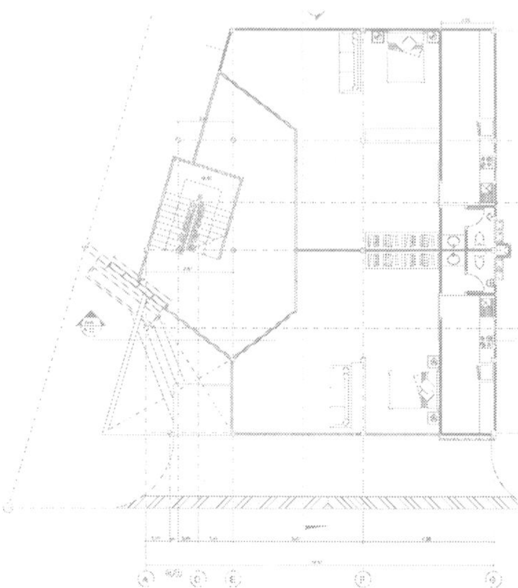

CAPÍTULO 12

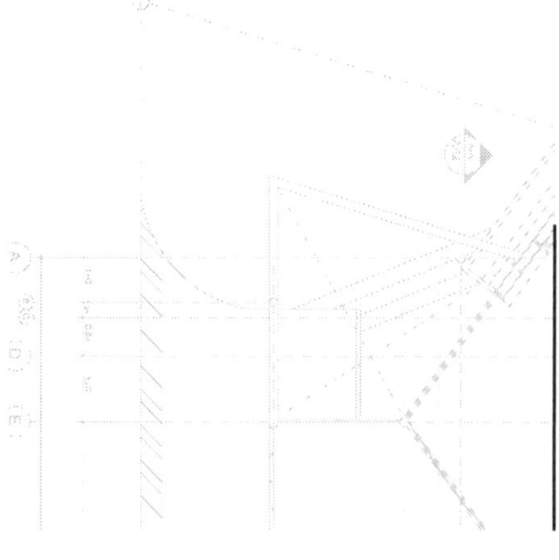

El contrato de corretaje

Este capítulo es un manual de supervivencia y profesionalización para quien decide ser el puente entre los sueños de un comprador y la necesidad de un vendedor. El corretaje no consiste en "hacer favores" ni en "dar teléfonos", sino en una gestión comercial estratégica que merece ser protegida y remunerada con dignidad.

El arte —y también la ciencia— de conectar personas es un trabajo de intermediación independiente, en el que su salario, denominado *comisión*, solo se causa cuando el resultado se concreta. Cuando hablamos de corretaje inmobiliario nos referimos a la labor de quien no es dueño del inmueble ni quien lo compra o arrienda, pero que se encarga de algo muy valioso: poner en contacto a quienes quieren vender o arrendar con quienes desean comprar o tomar en arriendo.

Nosotras lo resumimos así: el *corretaje* es el contrato por el cual una persona (corredora o agente inmobiliaria) se compromete a conectar a las partes para que celebren un negocio sobre un inmueble, a cambio de una comisión que se paga únicamente si el negocio efectivamente se concreta.

Puntos clave:

- El corredor no representa a las partes —salvo que, adicionalmente, exista un mandato—; actúa como intermediario independiente.

- Su trabajo consiste en gestionar la oportunidad: mostrar el inmueble, conectar a las partes y acompañar la negociación.
- Su remuneración es la comisión, que normalmente se paga solo si hay negocio, es decir, si se firma la escritura de transferencia o el contrato de arrendamiento, según lo pactado.

Acerquémonos a la práctica con un ejemplo sencillo: una propietaria quiere vender su casa (apartamento o piso). Un profesional inmobiliario (usted) se ocupa de promocionarla, colocar señalización, mostrarla, filtrar interesados y, gracias a esa gestión, una compradora firma la promesa de compraventa y posteriormente se otorga la escritura. Ese "encuentro feliz" entre vendedor(a) y comprador(a) no ocurrió por azar, sino porque usted lo trabajó. Ese es el corazón del corretaje.

Al igual que sucede con el contrato de arrendamiento, en Colombia existen normas sobre este contrato tanto en el Código Civil como en el Código de Comercio. Sin embargo, en este caso no es necesario conocerlas con el mismo nivel de detalle.

Basta con entender que su interés es convertir su ayuda y su servicio en una actividad rentable como profesional inmobiliario; por ello, las normas llamadas a regular esta relación son, principalmente, las que gobiernan los vínculos entre comerciantes.

Ciclo del corretaje inmobiliario

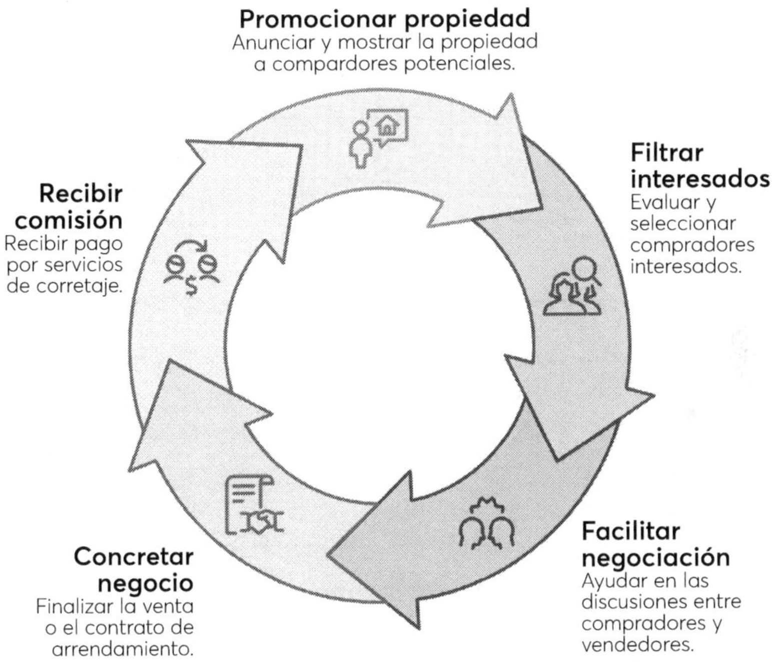

Gráfico creado por las autoras, utilizando la tecnología de visualización de Napkin Pro.

La comisión: cuándo se causa y cómo se pacta

La *comisión* es el "salario" del corretaje. Aquí hay tres ideas básicas que conviene tener muy claras.

- *Regla general:* la comisión se causa cuando el negocio se concreta gracias a la gestión del corredor.
- *Ejemplo:* se firma la escritura de compraventa o se celebra el contrato de arrendamiento.

No basta con "hacer un gran trabajo", mostrar el inmueble, realizar visitas o chatear con posibles clientes. Estas actividades —u otras que usted diseñe como parte de su *estrategia de comercialización*— son el medio. En esta línea de negocio, lo usual es que solo se pague por el resultado: que el negocio se concrete.

A diferencia de la promesa, que siempre debe constar por escrito, el contrato de corretaje no exige necesariamente un documento formal. Los pactos pueden hacerse por medios menos solemnes, como una conversación electrónica o un intercambio de correos. No obstante, lo más seguro es firmar un contrato.

Además de identificar el encargo —buscar interesados y presentarlos—, la clave está en dejar perfectamente definido qué gana usted y cómo se le paga. Un buen contrato responde, al menos, a estas preguntas:

1. ¿Qué porcentaje o qué valor fijo se le pagará?
2. ¿En qué momento exacto se realizará el pago?
3. ¿Quién lo pagará (vendedor(a), comprador(a), arrendador(a), arrendatario(a) o una combinación)?

La mayoría de los conflictos derivados de este contrato surgen precisamente por no definir con claridad estos aspectos. Para ilustrarlo mejor, a continuación presentamos un ejemplo de una cláusula típica, que permite ver cómo se documentan estos acuerdos en la vida real:

> COMISIÓN. El/la PROMITENTE VENDEDOR(A) se obliga a pagar al CORREDOR INMOBILIARIO, como honorarios por la intermediación en la venta del inmueble objeto de este contrato, una comisión equivalente al ____% (____%) del precio de venta.

También podría pactarse así:

> Se obliga a pagar al CORREDOR INMOBILIARIO la suma fija de _______ pesos ($_______).
>
> Dicha comisión se causará y se pagará el día en que se firme la escritura pública de compraventa y se reciba el precio pactado.

Observe que, en este ejemplo, el pago no se realiza simplemente el día de la firma de la escritura pública, sino cuando efectivamente se recibe el pago. Son este tipo de detalles los que usted debe revisar con atención.

Lo importante es que quede claro, sin letras pequeñas ni ambigüedades, qué ganará usted por su trabajo, cuánto es, cuándo se paga y qué hecho concreto le permite exigir el pago.

Exclusividad: ¿solo conmigo o con varias personas?

En la práctica inmobiliaria del corretaje, especialmente en los procesos de venta, se habla con frecuencia de *exclusividad*. Se trata de una palabra breve, pero con una carga significativa. Un negocio sin exclusividad implica que el propietario puede contratar a otros corredores para ofrecer su inmueble a distintas personas al mismo tiempo e incluso venderlo de manera directa. En este escenario, el corredor solo percibe comisión si logra ser quien efectivamente concreta el negocio, es decir, si presenta al cliente que finalmente resulta elegido.

Por el contrario, en un negocio con exclusividad, el propietario se compromete a trabajar únicamente con una corredora o inmobiliaria durante un tiempo determinado. Incluso puede pactarse que, si el propietario consigue al comprador por su cuenta, deba pagar igualmente la comisión, ya que la exclusividad constituye un compromiso serio entre las partes.

A continuación, se presenta un ejemplo sencillo de una cláusula de exclusividad, redactada en un lenguaje claro:

> Durante ___ meses, el(a) PROPIETARIO(A) entregará en exclusividad al CORREDOR INMOBILIARIO la gestión de venta del inmueble. Si el inmueble se vende dentro de ese plazo, con o sin intervención directa del CORREDOR, se reconocerá y pagará la comisión pactada.

La exclusividad no es obligatoria, pero sí es una herramienta útil cuando se busca trabajar con orden y con responsabilidades claramente definidas, o cuando el inmueble requiere una inversión considerable de tiempo y esfuerzo para encontrarle un comprador.

El gran riesgo de ser "buena persona" sin contrato

Aquí queremos detenernos de manera deliberada. En el mundo inmobiliario abundan las historias de personas que, "por ser buenas", comienzan a promocionar y a buscar clientes sin contar con un acuerdo escrito que respalde la comisión:

- Publican el inmueble.
- Pagan fotografías y anuncios.
- Atienden llamadas, llevan a cabo visitas y filtran candidatos.
- Incluso ayudan a negociar precio y condiciones.

Al final, escuchan frases como: "Ay, es que lo vendí por mi cuenta a un conocido". "Como la señora fue referencia de una amiga, no creo justo pagar comisión completa". "Usted sabe, la situación está dura; le reconozco la mitad de lo que habíamos hablado", o, peor aún: "Usted en realidad no hizo mucho, solo me dio un teléfono; no me puede cobrar por eso".

Aquí va una clave importante: si antes de firmar un acuerdo por escrito ya aparecen resistencia o incomodidad, su comisión está en riesgo. Es una señal de alerta que conviene tomar en serio. En la práctica, cuando alguien se resiste a firmar un acuerdo de corretaje claro, es muy probable que:

- También se resista a pagar la comisión cuando el negocio se concrete.
- Intente "separar" la venta de su gestión para no reconocer su trabajo.

Un corazón inmobiliario sano y profesional entiende que la buena fe no se opone al contrato: lo necesita. Cuidar su trabajo y su tiempo es también cuidar su dignidad y su futuro. Por eso, una buena práctica consiste en incluir el reconocimiento de la comisión en la promesa de compraventa o en el acuerdo final que se firme, de modo que el compromiso no quede flotando "en el aire", sino anclado al negocio principal.

Hay mucho más que decir sobre este contrato, pero nos interesa que usted se quede con tres ideas sencillas y clave sobre el corretaje:

1. Su trabajo consiste en poner en contacto a las partes y acompañar la negociación, no en "regalar favores".
2. La comisión se protege escribiendo bien el acuerdo, indicando cuánto, cuándo y en qué condiciones se paga.

3. Decir que no también es profesional: si una persona no quiere firmar nada, quizá lo más saludable sea avanzar y buscar el siguiente inmueble y el siguiente cliente.

Tarea

1. Busque en Internet algún inmueble en venta cerca de su zona (un apartamento, una casa, un local o el que más le llame la atención).
2. Llame al número de contacto y pregunte, con respeto y curiosidad, algo como: "¿Le interesaría recibir un servicio de corretaje para acompañarle en la venta de este inmueble?".
3. Si quien responde le dice que ya es corredor o corredora, aproveche para hacer una pregunta breve sobre su actividad, por ejemplo: "¿Qué es lo más importante que usted siempre deja por escrito cuando trabaja una venta?" o "¿Qué consejo le daría a alguien que está empezando en corretaje?".

No se trata de vender todavía. Se trata de entrenar la curiosidad, la conversación y la mirada profesional.

Un corazón inmobiliario, además de honesto, es laborioso y creativo: pregunta, prueba, aprende y, cada día, se vuelve un poco mejor en el arte de conectar personas con los inmuebles y con la vida que quieren vivir.

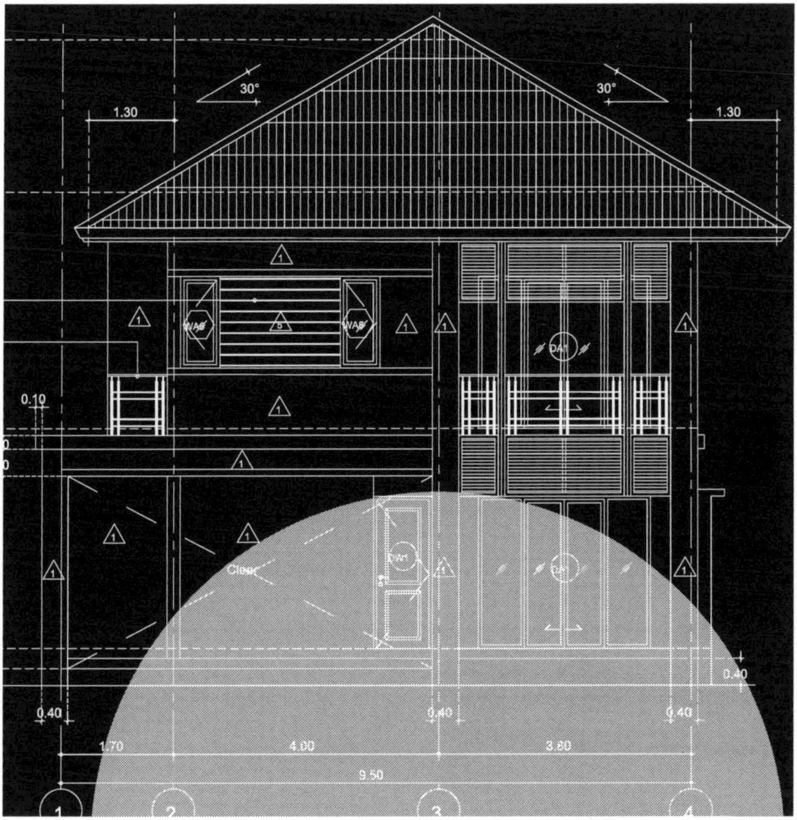

Cuanto más atrás puedas mirar,
más adelante podrás ver.
—Winston Churchill

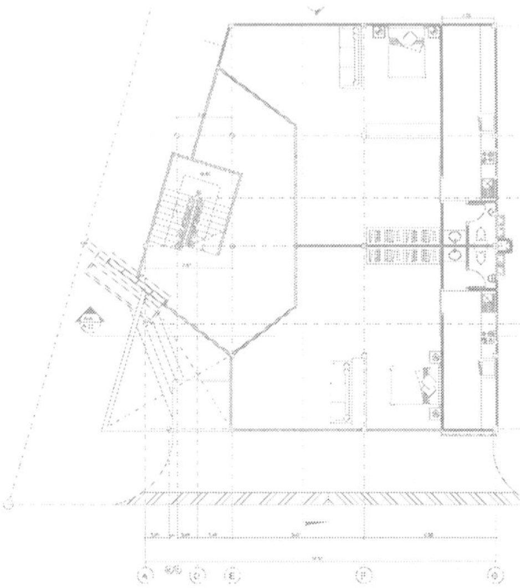

CAPÍTULO 13

Certificado de matrícula inmobiliaria: la cédula del inmueble

Este es el capítulo que convierte al lector de un simple observador en un estratega. Un inmueble es, en realidad, una historia jurídica que se lee en un folio de matrícula que siempre dice la verdad. En él se registra cada movimiento, desde su origen hasta su dueño actual. Entenderlo es la diferencia entre un negocio seguro y una sorpresa negativa costosa.

El *certificado de tradición* es la cédula de cada inmueble. Tiene un número único y, asociado a ese número, un certificado que cuenta la historia de esa propiedad desde el momento en que existe. Es posible que haya surgido de un *inmueble de mayor extensión* (más grande en metros cuadrados), puede que sea el producto de un *englobe* (juntar dos o más inmuebles en uno solo) o que sea *originario* (existe desde que se organizó el registro). Todo eso es lo que usted puede conocer con ese *número de matrícula inmobiliaria*, que identifica el folio (hoja) donde se lleva la historia jurídica de cada bien raíz. Este documento es la pieza fundamental de cualquier negociación, pues es la reseña (referencia) de los datos que utilizará dentro de la promesa. Ahí los encuentra; de ahí los copia. Entre otras cosas, puede saber sobre los dueños, las ventas, si tiene *gravámenes* (cosas como hipotecas o limitaciones para su uso), si está vinculado a procesos judiciales o tiene *embargos* (afectaciones).

Cada certificado se expide en una fecha específica, por lo que su lectura es la misma que la de una fotografía tomada en una fecha concreta. No se sabe lo que pasó después, salvo que consiga un nuevo certificado, reciente, de hoy mismo, si es posible. Tomar decisiones con certificados viejos es como diagnosticar con radiografías desactualizadas: algo pudo cambiar y usted no lo está viendo. Usualmente, un certificado con treinta días de antigüedad o menos es bastante funcional, pero en cada negocio, según el riesgo, puede ser prudente algo más reciente.

Los registros se hacen a la manera de lista, numerando cada cosa como una *anotación* que se registra (se escribe) de manera cronológica (en orden de antigüedad). El análisis profundo de este documento se llama *estudio de títulos*. Suele ser hecho por abogados, contadores o peritos (expertos) en temas de avalúos, pero hay un conocimiento mínimo de este documento que usted debe adquirir para poder leerlo, entender sus anotaciones y responder preguntas como las siguientes:

¿Quién es el dueño?

Es la persona que comúnmente aparece en las últimas anotaciones del registro, usualmente bajo el acto de *compraventa*, pero puede ser también por otro tipo de negocios, como la *dación en pago*[12], la *permuta*[13] e incluso por *herencia*.

12 La *dación en pago* es un acto jurídico mediante el cual una persona entrega la propiedad de un bien para extinguir una obligación que no puede cumplir en los términos originalmente pactados.

13 La *permuta* es un acto jurídico consistente en el intercambio, definido por las partes, de un bien del que son dueñas por otro del que adquieren la propiedad. De manera informal, puede asimilarse al trueque o al canje.

¿Qué afectaciones o restricciones tiene la propiedad?

Es posible que la propiedad se haya adquirido con una *hipoteca* de la propiedad al banco como garantía de un préstamo, o que se haya pactado un *usufructo* vitalicio (derecho de uso) en favor de alguien.

¿Qué protecciones tiene la propiedad?

El certificado puede indicar que el inmueble ha sido declarado *vivienda familiar* —inembargable por deudas distintas del crédito para su adquisición— o que forma parte de un *patrimonio familiar*, lo cual obliga a que decisiones como su venta cuenten con la firma de determinados familiares.

La prioridad entre derechos la determina la fecha de inscripción: lo que se registra primero suele tener mejor derecho frente a lo posterior, especialmente en materia de gravámenes. Esta regla se invierte para establecer la propiedad, caso en el cual prevalece la anotación más reciente. Cuando usted aprende a leer, solicitar y desconfiar de un certificado desactualizado, cruza un umbral decisivo: ya no observa solo fachadas y cifras, sino también la verdad jurídica que se encuentra detrás de cada puerta.

Si tiene un certificado a la mano, léalo, formúlese preguntas e intente responderlas. Si no dispone de uno, puede buscar ejemplos en la web; existen numerosos documentos reales disponibles para su análisis.

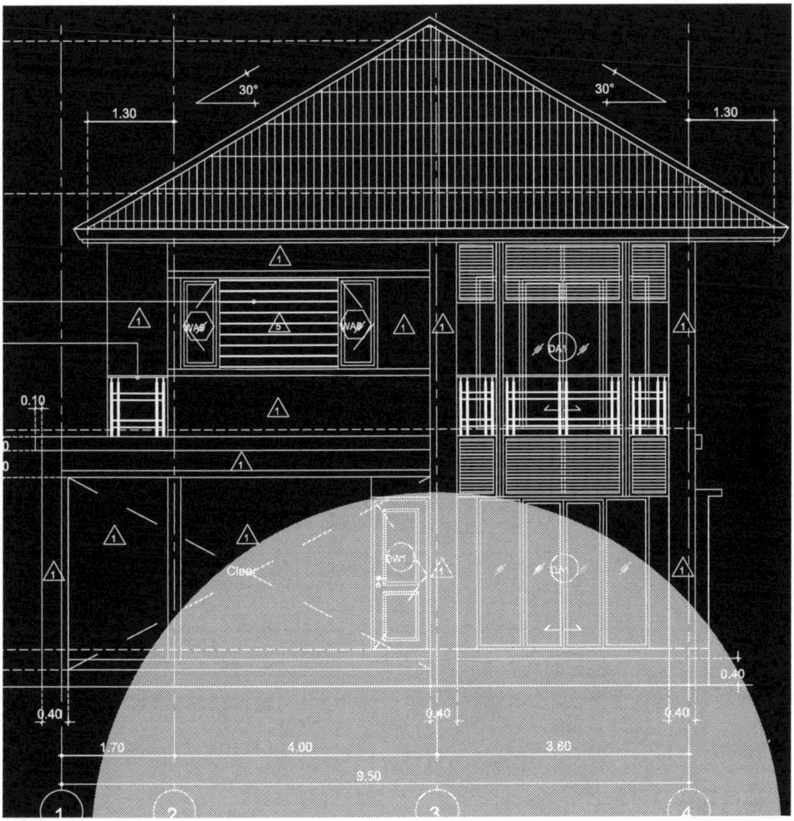

Un hombre de negocios que no es honesto con sus clientes tarde o temprano descubrirá que sus clientes ya no son suyos.

—B. C. Forbes

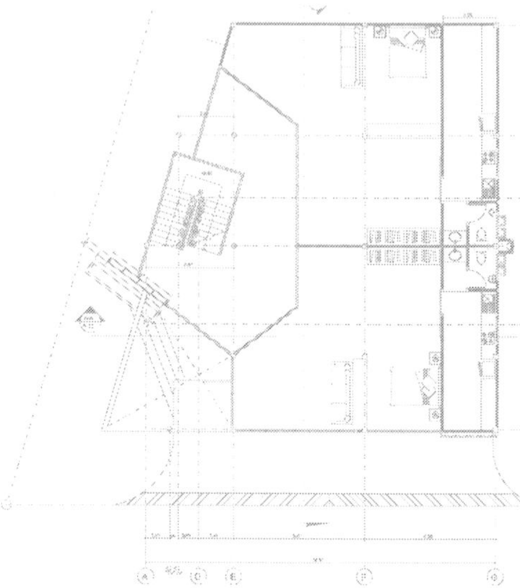

CAPÍTULO 14

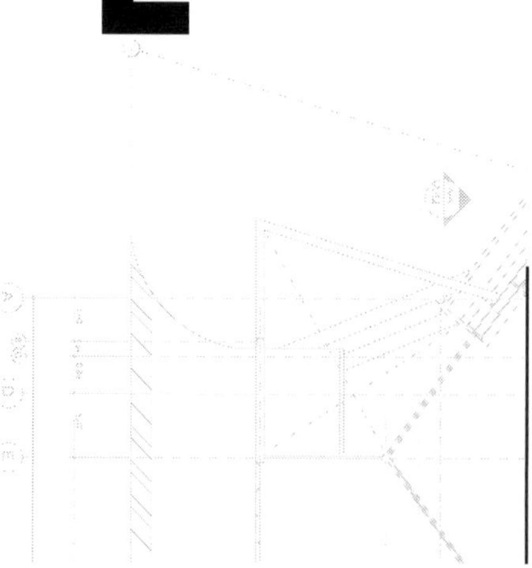

El contrato de promesa

La promesa de compraventa es la hoja de ruta que define el éxito o el fracaso de una inversión. Es el contrato que obliga a las partes a cumplir su palabra antes de llegar a la meta final: la escritura pública.

La promesa es un contrato preparatorio: su misión es alinear cada detalle para que el negocio llegue a puerto seguro. Aunque todavía no transfiere la propiedad, crea la obligación legal de hacerlo. El 80 % de los conflictos inmobiliarios nacen de promesas mal redactadas. La promesa de compraventa acompaña y concreta acuerdos realistas. Es un contrato preparatorio; su misión es alistar todo con el máximo detalle y obliga a las partes a celebrar después el contrato definitivo, usualmente de compraventa. No transfiere aún la propiedad, pero sí crea el deber serio de acudir a la notaría, en la fecha o bajo las condiciones pactadas, a firmar la escritura que sí transfiere la propiedad.

En Colombia, para que esta promesa tenga efectos, debe constar por escrito y cumplir con unos mínimos legales. En la práctica, los líos de un negocio nacen de promesas mal hechas, inexactas o incompletas: inmuebles mal descritos, plazos imposibles, precios confusos o consecuencias del incumplimiento que nadie entendió.

No pretendemos que usted funja como abogado, auditor o funcionario notarial, pero conocer las particularidades de este contrato le será útil para orientar a sus clientes y evitar que firmen a ciegas.

Piense la promesa como una hoja de ruta en la que el negocio debe quedar claro, respondiendo al qué, cómo, cuándo, por cuánto, entre quiénes, etc. No importa el orden en que se escriba la promesa. Aunque existen ciertas guías de redacción, lo importante es que de la lectura del documento se puedan extraer, como mínimo, los siguientes datos:

¿Qué va a salir de un patrimonio para entrar en otro?

Usted debe identificar completamente el inmueble (dirección, matrícula inmobiliaria, si incluye o no parqueaderos o depósitos, si es una copropiedad [PH], si se determina por linderos y ubicación o por tamaño en metros cuadrados).

¿Quiénes son las partes y con qué calidad actúan?

No basta con señalar "yo, fulanita, vendo" y "yo, pepito, compro". Es necesario precisar si quien firma actúa como propietario directo, heredero o representante legal de una sociedad; si tiene facultades suficientes; si es apoderado (representante) o si actúa en la gestión de un fideicomiso. Si la persona no tiene la legitimación (capacidad) correcta, puede existir una promesa perfecta en el papel, pero imposible de cumplir en la realidad.

¿Cuál es el negocio económico: precio y forma de pago?

El precio debe ser determinado (o determinable) y la forma de pago debe explicarse con detalle: valor, modalidad de pago, plazo en el que se paga, si se entregan anticipos del precio, arras o cuotas, si se pagará con recursos de un crédito, con recursos propios o si existen plazos intermedios.

¿Qué plazo o condición determina la fecha de escritura?

Toda promesa necesita tener un plazo o una condición. Si se trata de un plazo, se utilizan expresiones asociadas a un tiempo claro: "el día 10 de marzo de X año", "antes del día Z", "dentro de Y días". El plazo puede ser una fecha cierta o una época determinada, pero siempre es una variable asociada exclusivamente al paso del tiempo.

Si se trata de una condición, se establece un hecho que puede o no ocurrir y se define la consecuencia de su ocurrencia. Un ejemplo de condición (hecho futuro e incierto) puede ser "la aprobación del crédito". Puede que ocurra, pero si usted no presenta los documentos o no cumple los topes de endeudamiento, no se lo aprueban. Usted puede pactar que firmará la escritura pública de compraventa el próximo 11 de agosto (plazo) o cuando le aprueben el crédito (condición).

Sin un plazo o una condición, la promesa queda incompleta. Lo común es que se combinen plazos y condiciones en los que se indique que dentro de los cinco días siguientes (plazo) a que ocurra algo (condición) se firmará la escritura.

Como se trata de un contrato preparatorio, estos acuerdos deben ser realistas y tener en cuenta los trámites previos que se deban cumplir. No se confíe: plazos muy estrechos pueden resultar insuficientes, pero, si son demasiado laxos, desincentivan el negocio. Hay condiciones en las que interviene de manera significativa la voluntad de terceros y circunstancias que pueden generar retrasos. La clave aquí es la razonabilidad, el punto medio. En ello usted debe adquirir práctica, que se obtiene escuchando y preguntando.

Otros acuerdos comunes son la distribución de gastos (notaría, registro, impuestos, certificados) y los pactos particulares sobre forma de entrega, plazos de desocupación y saneamiento de deudas.

Cada negocio es un mundo lleno de detalles que marcan la diferencia: piense, por ejemplo, en quién debe entregar paz y salvos, quién levanta las hipotecas o afectaciones (si las hay), qué hacer si el banco no aprueba el crédito, cómo resolver la aparición de una medida judicial (un embargo, por ejemplo) o qué ocurre si alguien fallece en el camino.

Si usted redacta una promesa, tómese el proceso con calma: pida documentos, pregunte, anote y luego piense cómo dejar constancia por escrito. La promesa, en concreto, solo crea una obligación de hacer: firmar el contrato definitivo. Si es necesario, se pueden introducir cambios o ajustes.

Estos cambios también deben constar por escrito, y la forma legal de denominar ese segundo documento es *otrosí* a la promesa de compraventa (documento de ajuste o modificación). Baste por ahora con señalar que, si una parte incumple y no se presenta a firmar, la otra puede reclamar.

Dentro de la promesa se suelen incluir una cláusula de arras y una cláusula penal. Aunque son opcionales, son bastante comunes. A ellas dedicaremos el siguiente capítulo.

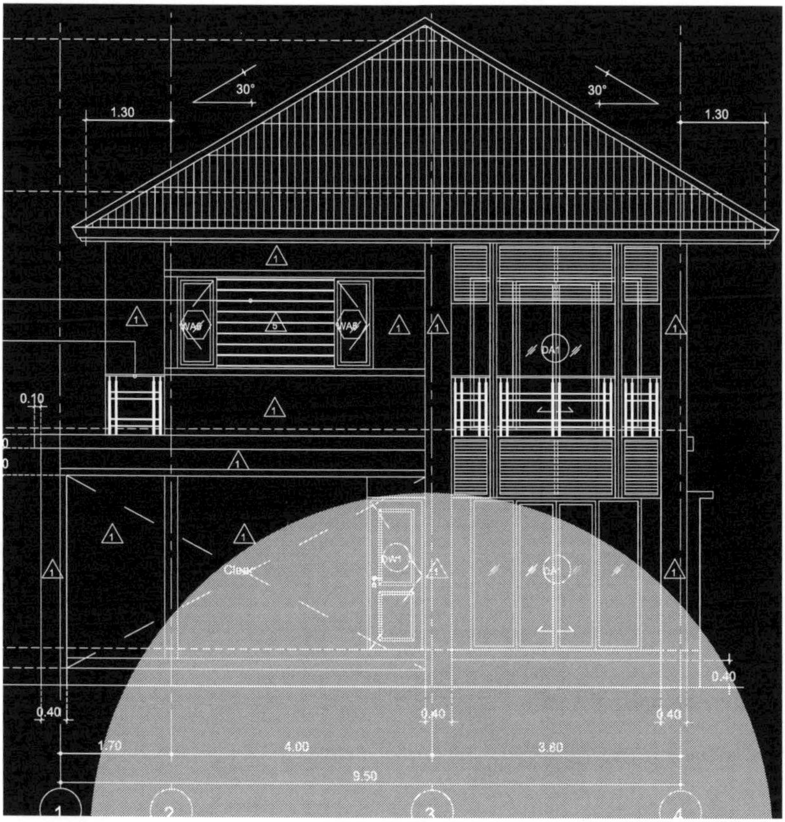

En los negocios, la confianza es como el aire: cuando está presente, nadie la nota; cuando falta, todo se detiene.

—Warren Buffett

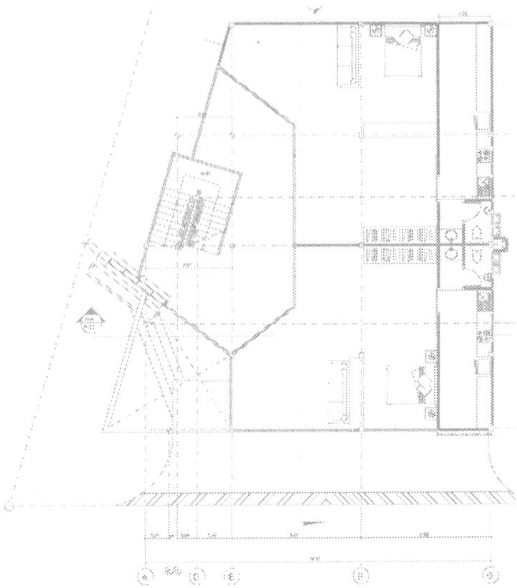

CAPÍTULO 15

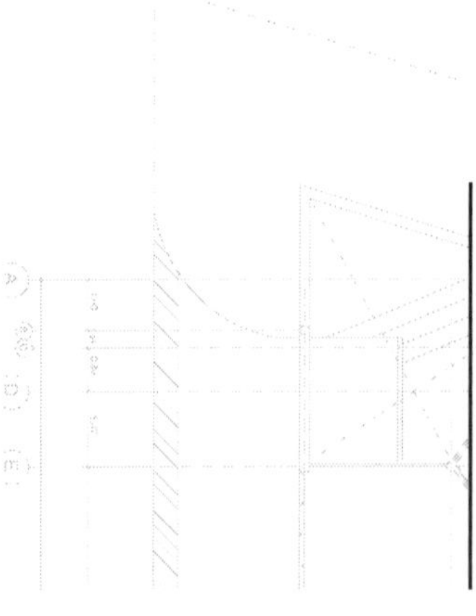

Las arras no son lo mismo que la cláusula penal

En el mundo de los negocios, la confianza es el motor, pero el contrato es el freno de emergencia. Este capítulo desglosa tres herramientas clave para gestionar el riesgo cuando las cosas no salen como se planearon, y transforma términos legales en un sistema de protección y tranquilidad.

Es común que, en un contrato de promesa, se pacten arras. Lo que no es tan común es que las partes entiendan exactamente en qué consiste ese pacto o que tengan claro qué las diferencia de la cláusula penal.

Las *arras* son el dinero que una de las partes entrega al inicio de un negocio inmobiliario, normalmente en una promesa de compraventa, como señal de seriedad; pero su efecto más conocido es habilitar el derecho de retracto. Comercialmente, entregar arras es una forma sencilla de dejar por escrito la seriedad de la palabra empeñada. Es decir: "este negocio va en firme y, si algo pasa, hay una consecuencia".

En Colombia, las arras están reguladas tanto en el Código Civil (arts. 1859, 1860 y 1861) como en el Código de Comercio (art. 866). En estas normas se las menciona con tres "apellidos": *arras de retracto*, *arras confirmatorias* y *arras comerciales*. Las primeras permiten arrepentirse del acuerdo; las segundas, todo lo contrario, y las comerciales corresponden a una estipulación más general, que acompaña el acuerdo y evoluciona con él. Estas últimas permiten retirarse del negocio, pero, si usted cumple, se consideran un pago anticipado del precio.

Sobre las arras se ha preparado un resumen en el siguiente gráfico, para que pueda volver sobre él fácilmente en cualquier momento.

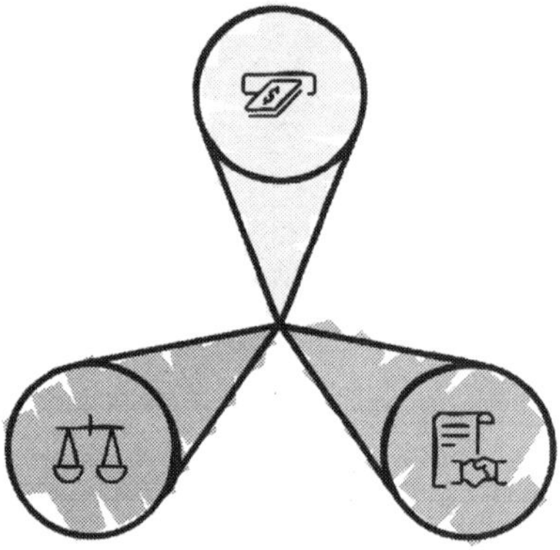

Gráfico creado por las autoras utilizando la tecnología de visualización de Napkin Pro.

¿Cómo saber cuáles son las arras que debo elegir?

La respuesta es: depende. Si usted o su cliente tienen plazos o condiciones que pueden ser de difícil cumplimiento, le convendrán las arras de retracto. Si usted es un inversionista que va a desarrollar un proyecto en el lote que compra, le convendrán las confirmatorias, para iniciar una comercialización temprana. Si su negocio es de riesgo relativo y no tiene asuntos particulares que puedan salirse del curso normal, le convendrán las comerciales. Estas suelen ser las estándar.

Las arras pueden coexistir con la cláusula penal. Esta es un acuerdo en el que se define una suma de dinero que será el valor de la sanción que pagará quien incumpla el acuerdo. Es una "multa anticipada", porque se fija cuando aún no se sabe si alguien va a incumplir, ni cómo lo hará ni cuáles serán las consecuencias de ese incumplimiento. Es un acuerdo útil porque "simplifica la pelea": ante un incumplimiento probado, usted cobra lo que se pactó como sanción. No importa si perdió menos o más; si la otra parte incumple, usted cobra.

Atención: una cláusula penal define el valor de una sanción, pero usted aún tiene la carga de probar que la otra parte no cumplió. Por ejemplo, debe probar que la otra persona no llegó a la notaría a firmar la escritura sin razón aparente y que usted sí asistió y se quedó esperando.

La regla general es sencilla, pero suele generar confusiones en la práctica, porque se confunde con otro asunto: los perjuicios. Los perjuicios pueden definirse como las consecuencias negativas que usted sufre por algo que otra persona hizo o dejó de hacer. Deben poder representarse en una medida económica (dinero) o en sufrimiento (afectación emocional). Para reclamar este tipo de afectaciones es necesario tener claro de dónde provienen y cuál es su origen.

Aunque es un tema complejo y propio de una rama especializada del derecho, conviene ilustrarlo con un ejemplo. Si el vendedor no le entrega la casa en la fecha pactada, ocurre el incumplimiento (hecho: no entregó). Si usted necesitaba la vivienda en esa fecha específica para hacer el trasteo y tuvo que pagar un hotel para su familia y una bodega para los muebles, sufrió un perjuicio económico (el dinero pagado por el hotel y la bodega). Solo cuando ocurre un perjuicio usted puede reclamarlo.

Pero observe este otro escenario: usted no recibió la casa, la otra parte incumplió, pero usted había previsto mudarse dos o tres días después. No sufrió ninguna consecuencia adicional. No hay perjuicio que reclamar.

Para reclamar perjuicios no existe una cifra previa definida —como ocurre con la cláusula penal—, por lo que usted debe probar lo que gastó, lo que perdió o lo que dejó de recibir. Solo le pagarán lo que pruebe: ni más ni menos. Esa es, precisamente, la diferencia con la cláusula penal. Se expone todo esto porque usted puede acumular la cláusula penal con la reclamación de perjuicios.

Gráfico creado por las autoras utilizando la tecnología de visualización de Napkin Pro.

A manera de síntesis: vía cláusula penal se fija de antemano una sanción (el costo del incumplimiento) y se evitan discusiones interminables sobre el monto, pero se reserva la posibilidad de cobrar todo lo demás que esté por fuera o sea mayor que esa sanción, siempre que usted pueda demostrar los perjuicios adicionales.

Gracias por el esfuerzo de leer y no desfallecer. Ya tiene esa lógica inicial de pensamiento legal que le será de mucha utilidad. Recuerde que le estamos dando herramientas que usted debe elegir de manera consciente y coherente, porque el contrato se convierte no solo en un acuerdo de voluntades, sino en un pequeño sistema de protección jurídica que le ayuda a usted o a su cliente a dormir más tranquilo, aun en escenarios en los que las cosas no salen exactamente como estaban previstas.

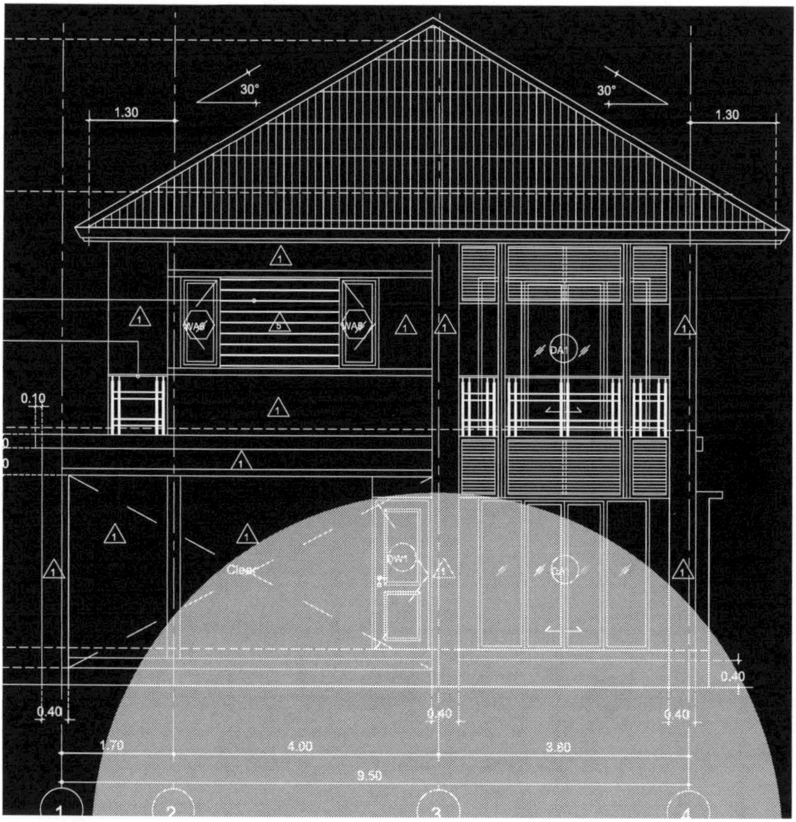

La ley es la razón libre de pasión.

–Aristóteles

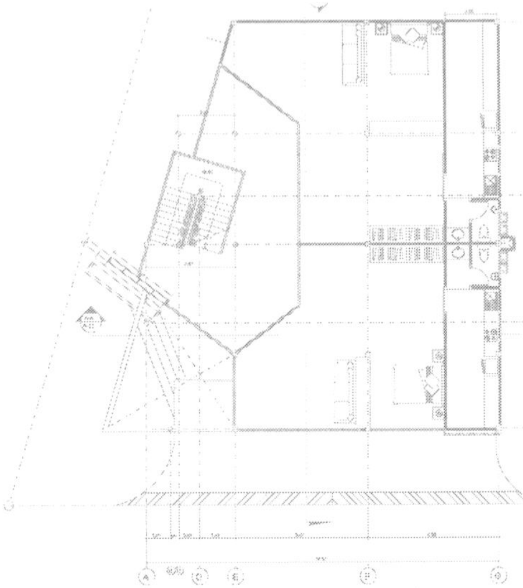

CAPÍTULO 16

Glosario vivo: punto de partida, lo que puede rodear a la promesa

En este capítulo usted encontrará el mapa de navegación para entender la realidad oculta de un inmueble antes de comprometerse legalmente. El contenido le enseña a llevar a cabo un diagnóstico técnico y humano del activo. Encontrará cómo identificar las figuras jurídicas y urbanísticas que rodean la propiedad. Antes de firmar una promesa, hay que considerar el punto de partida de cada negocio. Hemos decidido incluir este capítulo en este punto para que cualquier lector, experto o novato, tenga el contexto general y, con esa base, pueda mirar con lupa el "estado inicial" del inmueble.

En ese diagnóstico inicial es posible que aparezcan figuras jurídicas y urbanísticas que se condicionan entre sí o que sea necesario resolver en la fase de acompañamiento y preparación del negocio.

La presencia de algunas circunstancias particulares del inmueble o de sus dueños puede requerir un manejo diferente. Si bien no hacen imposible concretar una venta, sí exigen pasos previos o reglas especiales. En estos casos, suele acompañarse la formalización del negocio de un abogado o consultor experto, pero desde ya usted cuenta con un glosario esencial de consulta con los casos más comunes.

Menores de edad y sucesiones

Inmuebles a nombre de menores: No basta con que la familia quiera vender. Hay que acudir al juez, pedir autorización, demostrar que la venta no perjudica al menor y esperar la decisión.

Bienes en sucesión: El inmueble sigue a nombre de una persona fallecida. Antes de vender, hay que adelantar la sucesión, identificar herederos, cuotas y deudas, y adjudicar en forma. Solo entonces se puede prometer y vender con seguridad.

Patrimonio de familia y afectación a vivienda familiar

Patrimonio de familia inembargable: protege la vivienda frente a ciertas deudas. Mientras esté vigente, suele ser necesario levantarlo mediante un trámite formal para poder vender o gravar el inmueble. Hay que verificar beneficiarios y si hay menores de edad.

Afectación a vivienda familiar: protege el hogar de la pareja. Para vender, hipotecar o prometer la venta, normalmente se requiere el consentimiento de ambos integrantes, no solo del titular registral. En la práctica, el inmueble "pide" dos firmas.

Leasing habitacional e inmuebles en patrimonio autónomo o fideicomiso

Leasing *habitacional o inmobiliario:* el certificado suele mostrar como dueño a un banco. La persona usuaria tiene un contrato de *leasing*, no propiedad plena. La venta exige la participación de la entidad financiera, la revisión del contrato, el saldo, la opción de compra y las condiciones de cesión.

Patrimonio autónomo (fiducia inmobiliaria): el titular registral es la fiduciaria "a título de patrimonio autónomo". Rige lo que diga el contrato de fiducia: quién puede ordenar la venta, con qué autorizaciones y en qué condiciones. La promesa debe alinearse con ese contrato, no solo con la voluntad del aportante.

Fideicomiso civil: una persona entrega bienes a otra (fiduciario) para ciertos fines. A la hora de vender, hay que revisar el acto que creó el fideicomiso: quién puede disponer, en qué condiciones y en qué momento.

Propietarios colectivos y bienes a nombre de terceros

Copropiedad entre varios dueños (hermanos, socios, herederos): en teoría, todos son dueños, pero a veces uno no quiere vender. Vender "solo mi parte" puede ser posible jurídicamente, pero suele complicar el negocio. Se requiere una lectura fina de cuotas y acuerdos.

Bienes a nombre de terceros "por confianza": casos en los que quien pagó no coincide con quien figura en el folio (hijos, padres, hermanos). En derecho, dueño es quien aparece en el certificado, no quien "siente" que el bien es suyo. Ignorar esto puede frenar o anular una venta.

Licencias, curaduría y regularización de construcciones

Curaduría urbana: es la oficina que estudia y otorga (o niega) licencias. Cuando aparece en una negociación, suele ser porque hay licencias que revisar, reconocimientos que tramitar o aclaraciones sobre lo que es legalmente posible hacer en el predio.

Licencia de construcción: es el permiso urbanístico para construir, ampliar, modificar o demoler. Verificar si la edificación tiene licencia, si esta está ejecutada y cerrada, y si no hubo obras sin permiso ayuda a anticipar sanciones, órdenes de demolición o problemas para financiar o escriturar.

Licencia de reconocimiento: permite legalizar construcciones levantadas sin licencia o distintas de lo aprobado, siempre que cumplan requisitos técnicos. Puede ser la diferencia entre un inmueble "informal" y uno vendible e hipotecable sin temor.

En resumen, la promesa de compraventa no flota en el vacío: está rodeada de historias familiares, decisiones bancarias, protecciones de familia, estructuras fiduciarias y normas urbanísticas. El certificado de matrícula inmobiliaria es el lugar donde todo eso queda escrito. Aprender a leerlo —y a reconocer estas figuras— es clave. En algunos negocios complejos, este estudio se encargará a un abogado experto que emitirá un concepto especializado. En otros casos, será adelantado por la entidad financiera que apalanca la compra con un préstamo. Familiarizarse con este tipo de documentos y gestiones es lo que hará que, cuando usted salga a gestionar y acompañar una venta, lo haga con pies jurídicos firmes.

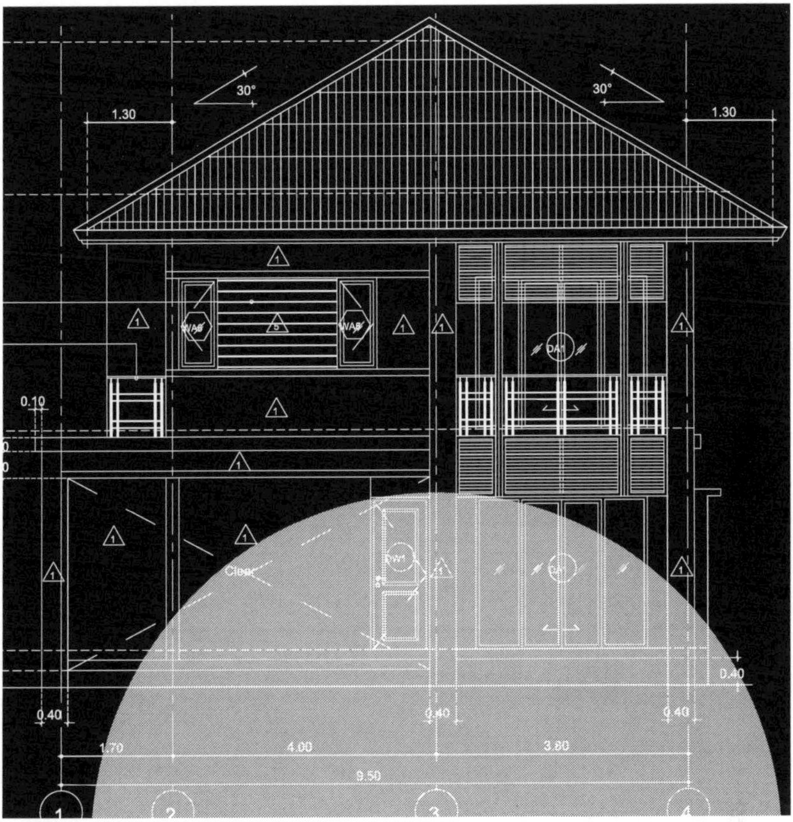

Comprar es un arte, pero vender es una ciencia que requiere honestidad y un papel que la respalde.

—William Arthur Ward

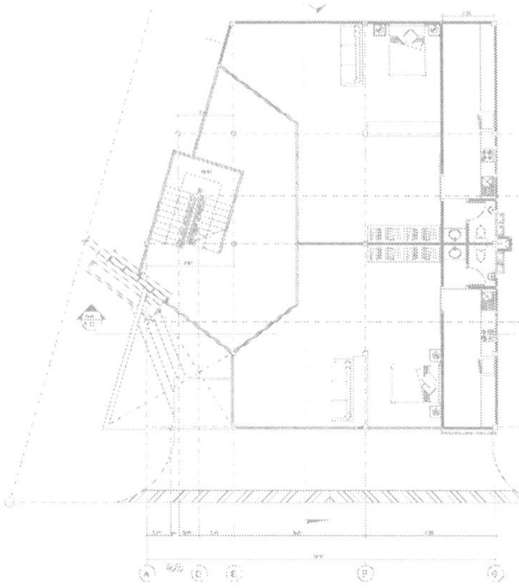

CAPÍTULO 17

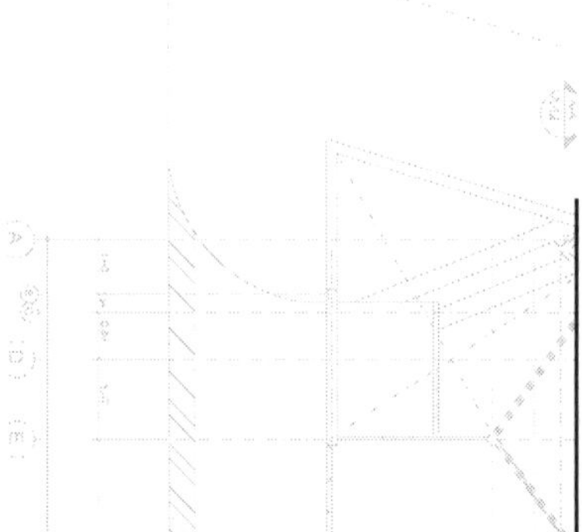

El contrato de compraventa

Este capítulo desmitifica la compraventa como un ente dependiente de la promesa, y la presenta como un contrato autónomo y el vehículo definitivo para la transferencia de patrimonio. No se necesita un contrato previo para vender, pues la voluntad de las partes y la radicación de los documentos generales en la notaría son suficientes para iniciar el proceso de forma directa y simple.

En el contexto inmobiliario, es vital comprender la dualidad entre el título y el modo para que el negocio sea pleno. Mientras firmar la escritura pública ante el notario cumple con la formalidad legal de otorgar un título de propiedad, el ciclo jurídico solo se cierra efectivamente con el registro de dicha escritura en la Oficina de Instrumentos Públicos. El contrato de compraventa es un contrato autónomo. Esto quiere decir que no depende de que exista una promesa que lo anteceda. Si su cliente quiere, puede acercarse a cualquier notaría, radicar unos documentos generales y fijar una fecha para firmar la escritura pública de compraventa. Así de simple.

Cuando se habla de este contrato en el sector inmobiliario, se hace referencia a un contrato típico, mediante el cual uno o varios inmuebles salen de un patrimonio (el de la persona que vende, *el vendedor*) y pasan a otro (el de la persona que compra, *el comprador*).

En Colombia, y en varios países de Latinoamérica, este contrato se documenta ante un notario, quien es la persona que da fe pública del negocio que ante él se celebra. La exigencia de que las cosas se hagan de esta manera, desde el punto de vista jurídico, se conoce como "cumplir la formalidad". Este contrato, por ley, tiene esa forma de celebrarse. El Código Civil colombiano dice lo siguiente: "La venta de los bienes raíces[14] no se reputa perfecta ante la ley mientras no se ha otorgado escritura pública". En este caso, la ley impone una instrucción que debe cumplirse. Esto quiere decir que cualquier otra forma de "transferir" la propiedad no es válida. Atención a esto: cuando usted firma la escritura de compraventa, cumple con tener un título de propiedad (la escritura se lo da), pero se requiere además de un modo, una formalidad jurídica consistente en presentar esa escritura en la oficina de registro.

Gráfico creado por las autoras utilizando la tecnología de visualización de Napkin Pro.

14 Léase *inmuebles*.

⁂

En esta segunda parte hemos puesto los contratos sobre la mesa, no como papeles fríos ni como asuntos enredados propios de abogados, sino como lo que realmente son en la vida de un profesional inmobiliario: sus herramientas de trabajo. Más allá de los nombres y las cláusulas, lo esencial para su cliente es tener claridad sobre dos aspectos: qué obligaciones le surgen al firmar y qué obligaciones deben nacer para la otra parte, de modo que lo protejan de verdad.

Recuerde siempre que un contrato no se mide por lo elegante que se ve ni por el uso de términos propios de un diccionario profesional, sino por la precisión con la que cuida a su cliente, ordena la relación y reduce las zonas grises. Recuerde algo simple, pero poderoso: el riesgo no está en firmar, sino en firmar sin comprender lo esencial y sin amarrar el acuerdo a la necesidad real del cliente.

Un contrato protege cuando deja claro qué está entregando su cliente, qué está recibiendo a cambio y qué herramientas tiene para exigir el cumplimiento, sin rogar ni desgastarse. En este negocio, la verdadera seguridad nace cuando el papel traduce fielmente la realidad.

TERCERA **PARTE**

Bases prácticas de la operación y gestión de su negocio inmobiliario

Nosotras también empezamos desde cero y tuvimos miedo. Nosotras también metimos la pata, no una, sino muchas veces, a pesar de que, en teoría, lo sabíamos todo y contábamos con diplomas. Por eso lo entendemos perfectamente. Pensar en "salir al ruedo", en "lanzarse al agua" o en hacerlo de una vez por todas suele ser el paso más difícil.

Para darle ese pequeño empujón, creamos un sistema. Hoy queremos que usted camine más rápido y con mayor seguridad de la que nosotras tuvimos en esas primeras incursiones en el negocio. Empezar sin improvisar implica construir su propia "caja de herramientas": desarrollar tres o cuatro modelos de contrato base confiables, definir su *pack* de inicio y adquirir el hábito de revisarlos antes de utilizarlos, no solo de "rellenarlos".

Con estructura, su primer negocio deja de depender del "a ver cómo me sale" y se convierte en un proceso repetible: una *checklist* previa a la firma, un contrato ajustado a cada caso, comunicaciones por escrito y soportes debidamente ordenados. Y para que su primer arriendo o su primera intermediación no afecte su confianza, en esta tercera parte aprenderá a blindar el riesgo mediante decisiones simples, como exigir un respaldo real y verificar la capacidad de pago antes de entregar las llaves.

Es hora de leer para hacer. ¡Vamos!

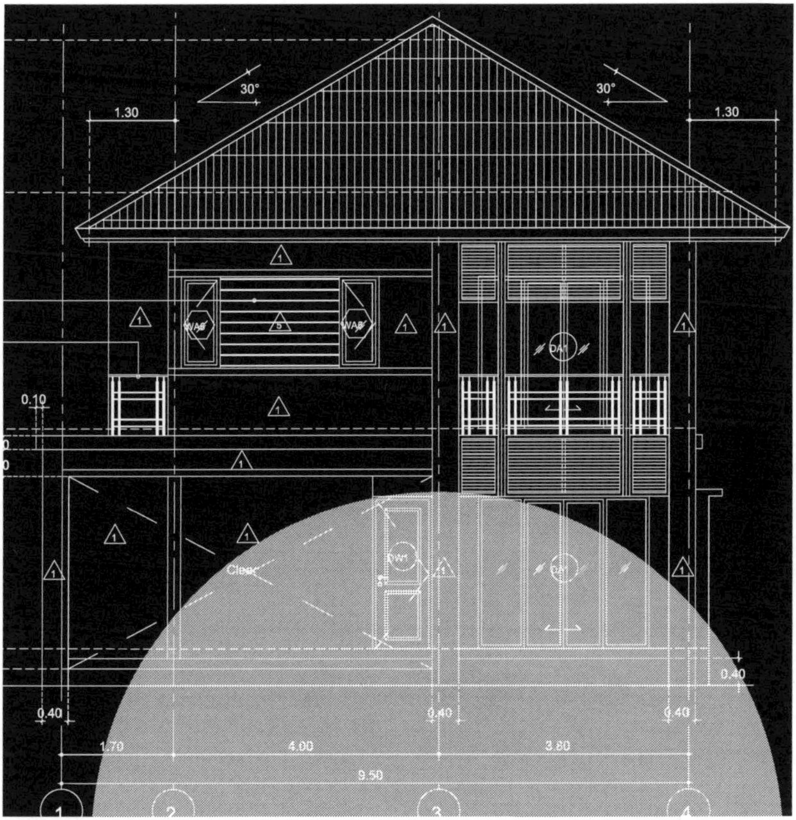

Tus pensamientos y sentimientos
no son solo químicos en el cuerpo;
son energía que moldea tu realidad.

—Joe Dispenza

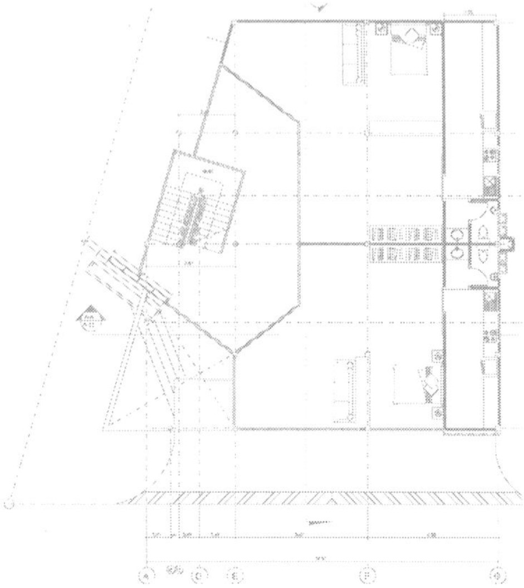

CAPÍTULO 18

Tips inmobiliarios para la elaboración de contratos

El corazón inmobiliario se fortalece cuando deja de depender del impulso y comienza a trabajar con estructuras. Los modelos de contratos, correos y reportes ahorran tiempo y actúan como un escudo que protege su reputación y su patrimonio. Este capítulo le enseña el arte de buscar, elegir y editar con ojo experto. La luz y la creatividad las aporta la humanidad. Se fortalece cuando deja de improvisar y trabaja con modelos: contratos, correos, reportes, análisis. Esta "caja de herramientas" documental lo ordena, le ahorra tiempo y lo protege jurídicamente. La idea es que no dependa de la memoria ni del impulso, sino de estructuras que pueda mejorar con cada experiencia.

1. Buscar modelos confiables (antes de copiar, pensar)

No todo contrato disponible en Internet sirve. Tampoco ChatGPT, Gemini o Claude reemplazan la humanidad derivada del conocimiento de las personas involucradas en el negocio, del contexto, de las dificultades o de los temores propios de una negociación. Antes de descargar un modelo o dedicarse a *promptear*, delimite, afine y cree el contexto, ya sea para usted o para la IA. Por último, recuerde que, si la utiliza, no lo reemplaza: es solo una herramienta más que, en las manos adecuadas, puede construir, crear e incluso impulsarlo o potenciar su humanidad.

Tips para descargar formatos de contrato disponibles en Internet

1. *Fuente y país:* Prefiera universidades, gremios (lonjas, Fedelonjas, cámaras de comercio), notarías, editoriales jurídicas y firmas serias. Busque siempre fuentes de su país.
2. *Contexto normativo:* Verifique que el modelo mencione las leyes nacionales (para Colombia: Ley 820 de 2003, Código de Comercio, Código Civil). Revise la moneda pactada (pesos colombianos) y cualquier otro elemento característico de su país. Esto le permite trabajar con modelos contextualizados.
3. *Vigencia:* Revise la fecha de creación o actualización del formato. Un modelo no revisado en años puede estar desactualizado en IPC, topes de incremento o cambios tributarios.
4. *Citas legales:* Si encuentra en un formato una cita de una ley, compruebe rápidamente en Google o en un buscador de confianza si esa norma está vigente o derogada.

Tecno tip: Si *promptea*, piense en darle estructura a la IA. Explíquele el contexto como lo haría con un colega: quién es usted, dónde se ubica, cuál es la necesidad concreta y qué aspectos son esenciales. Hágalo sin afán, con precisión y claridad.

Atención: Tanto en la descarga de un modelo como en la creación asistida por IA, el resultado es apenas un primer borrador.

2. Editar con criterio lógico (la plantilla es solo el esqueleto)

El trabajo serio comienza cuando usted descarga la plantilla o cuenta con un borrador elaborado con IA.

1. *Complete con detalle:* Nada debe quedar en blanco. Sea meticuloso: nombres completos, números de cédula o identificación, registro tributario (NIT), domicilio y calidad (persona natural, representante legal). Incluya todas las direcciones del inmueble. En algunos casos será "carrera", en otros solo "KR", o ambas, tantas como aparezcan documentadas.
2. *Objeto y alcance:* Describa con exactitud lo que las partes desean. Si se trata de un mandato, defina si es general o especial; si es especial, enumere las facultades (firmar promesa, pagar arras, escriturar). Si es un corretaje, deje clara la exclusividad y el momento en que nace la comisión.
3. *Cláusulas económicas y plazos:* Incluya los montos en letras y números, así como la forma y la fecha de pago. En arriendos comerciales, ajuste los plazos y las reglas de renovación.
4. *Garantías y sanciones:* Defina el tipo de arras, establezca una cláusula penal proporcionada y cualquier otra consecuencia o mecanismo de salida.
5. *Domicilio y notificaciones:* Indique la dirección física y los correos electrónicos válidos para comunicaciones y notificaciones, así como las personas de contacto en caso de ausencia. Piense: ¿a quién podría llamar si una de las partes sufre un accidente y deja de responder?

6. *Terminación y controversias:* Establezca causales claras y mecanismos de solución (juez, arbitraje, conciliación, amigable componedor), según la cuantía y la complejidad del negocio.

3. Ajustes críticos por tipo de contrato

Es necesario personalizar un poco más algunos tipos de contrato. Considere la regulación especial o los límites que tiene para ajustar la normativa. A continuación, algunos asuntos de especial atención.

Arrendamiento de vivienda (Colombia, Ley 820 de 2003)

- *Incremento:* máximo el IPC del año anterior y solo después de doce meses.
- *Garantías:* el codeudor debe cubrir canon, servicios y reparaciones locativas hasta la entrega final.
- *Causales de terminación:* son limitadas y algunas exigen el cumplimiento de requisitos especiales (artículo 22 y ss.).

Arrendamiento comercial (Código de Comercio, art. 518 y ss.)

- Tiene pocas normas, pero las existentes son de obligatorio cumplimiento. No puede pactarse en contrario.
- Existe renovación automática después de dos años. Si el arrendador no desea renovar, incluya la obligación de un preaviso mínimo de seis meses y causales taxativas para solicitar la restitución del inmueble.

Promesa de compraventa

- *Identificación del inmueble:* dirección, matrícula inmobiliaria, cédula catastral y otros datos de identificación tributaria, como el número de Código de Identificación Predial (CHIP).
- *Fecha, lugar y notaría de la escritura:* sin estos elementos, la promesa puede ser ineficaz por falta de un requisito esencial.

Contrato de corretaje

- *Comisión:* defina si se paga a la firma de la promesa o, preferiblemente, a la firma de la escritura. Evalúe si conviene establecer pagos proporcionales a lo que recibe el vendedor. Evite cualquier ambigüedad.
- *Exclusividad:* si la desea, expréselo de forma explícita e incluya que el propietario pagará comisión incluso si vende por su cuenta durante la vigencia, como compensación por el esfuerzo comercial.

Recuerde la *llave*: trabajar con modelos no es copiar y pegar. Es saber buscar, saber elegir y saber editar. Así, su caja de herramientas deja de ser un conjunto de archivos sueltos y se convierte en un sistema que protege su negocio, su reputación y a sus clientes.

El uso de plantillas en línea es una herramienta eficiente, pero no sustituye el conocimiento humano, contable o jurídico. Un modelo mal adaptado puede ser más peligroso que no tener contrato. Su rol como *profesional inmobiliario*[15] es transformar una plantilla genérica en un documento legalmente blindado para el caso concreto.

15 Es la primera vez que lo llamamos de esta manera en el libro, pero acostúmbrese. El ejercicio juicioso de esta actividad lo convierte en un *profesional inmobiliario*. No hay título, pero sí hay un "saber hacer". A diferencia de la medicina, por ejemplo, la gestión inmobiliaria en Colombia es una actividad de libre ejercicio. No depende de un diploma colgado en la pared, sino de dominar tres áreas del conocimiento que son obligatorias para no fracasar: lo técnico, lo jurídico y lo contable-financiero. Por eso consideramos este libro un curso integral y completo para empezar.

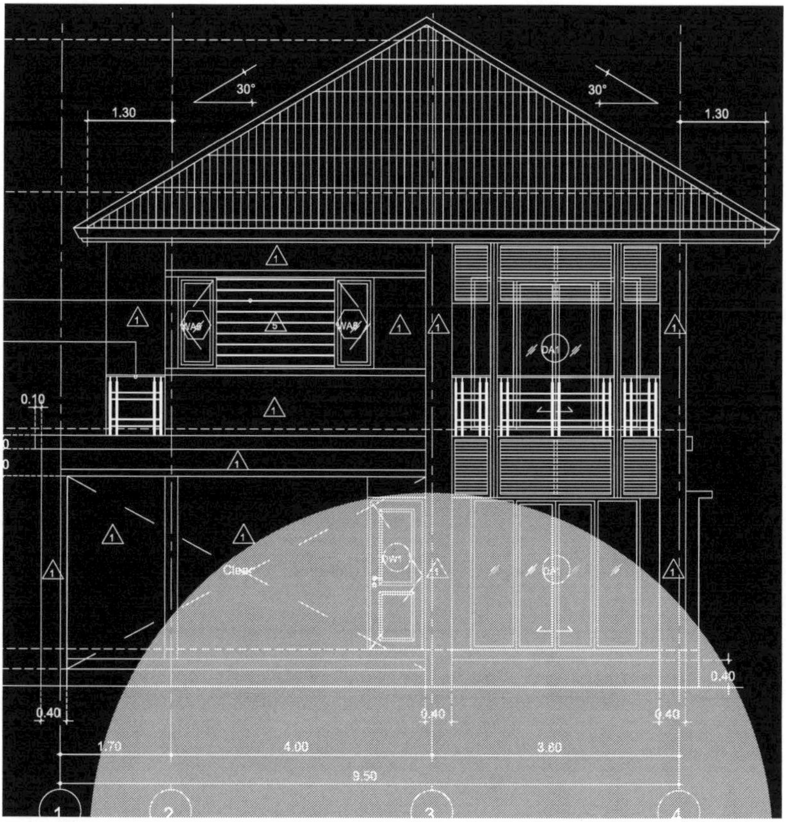

El ejercicio de la previsión es la base de la libertad financiera. No asegurar lo que te ha costado construir es invitar al caos a tu mesa.

—Henry Ford

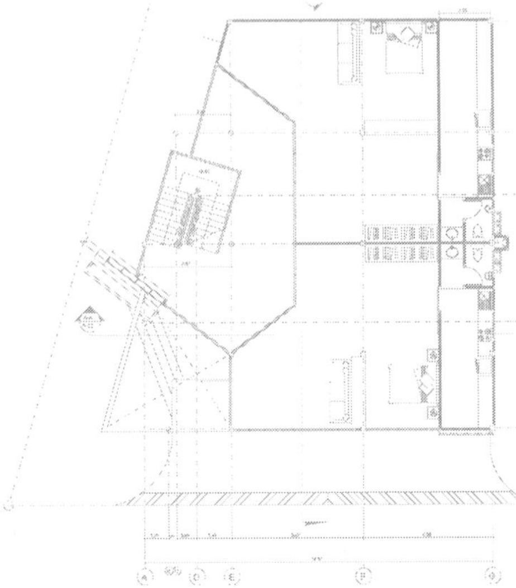

CAPÍTULO 19

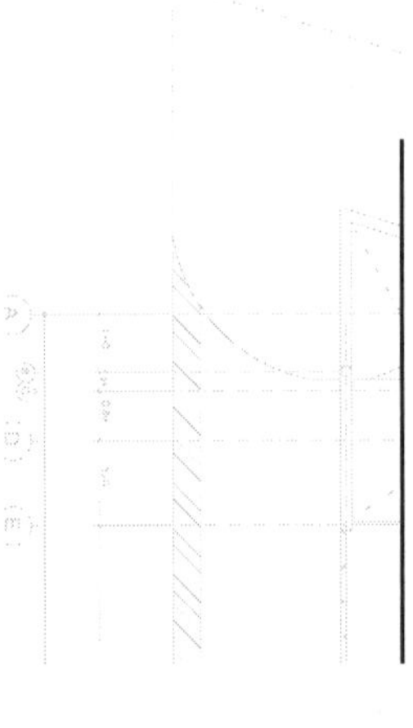

Seguro mató a confianza: también es así en el negocio inmobiliario

Este capítulo es el "chaleco antibalas" de cualquier propietario o administrador. La confianza es un sentimiento, pero la garantía es una estructura legal. En este capítulo desglosamos las tres capas de protección que puedes elegir para que el canon de arrendamiento deje de ser una "esperanza" y se convierta en una certeza. Cuando hablamos de contratos de arrendamiento con corazón inmobiliario, hablamos también de algo muy concreto: proteger, de manera inteligente, aquello que tanto ha costado conseguir.

Un inmueble que produce renta es el resultado de años de trabajo, ahorro, hipotecas pagadas y decisiones difíciles. Entregarlo a un inquilino sin respaldo real del pago es como dejar la puerta abierta en medio de la noche "porque el barrio se ve tranquilo". Este capítulo gira alrededor de una idea sencilla: hacer negocios seguros. Cuesta mucho tener para arriesgar y, peor aún, para perder por no haberse protegido a tiempo.

En la elección o el consejo que usted dé para celebrar negocios seguros, puede optar por una de tres alternativas estructuradas. La primera de ellas es la seguridad derivada de un vínculo con otras personas que se comprometen a pagar: los codeudores y los deudores solidarios.

Un arrendatario puede venir acompañado de un codeudor o de un deudor solidario y, aunque las palabras suenan parecidas, el nivel de seguridad es distinto. En términos prácticos, el *codeudor* suele entenderse como alguien que "ayuda" a respaldar, pero cuya obligación puede quedar diluida o condicionada. Acompaña (*co-*) en el pago de la deuda, pero, así como acompaña, limita su responsabilidad a una parte o porción.

El *deudor solidario*, en cambio, se obliga como si fuera el arrendatario mismo: el acreedor puede exigirle el total de lo debido sin tener que perseguir primero al inquilino; tiene acción directa. Para usar bien esta figura, no basta con escribir la palabra "solidario" en el contrato. Hay que dejar claro que responde por todas las obligaciones del arrendamiento, cuáles y durante cuánto tiempo. Eso es pactar expresamente la solidaridad. Eso es lo legal.

Ahora, lo práctico: asegúrese de que esa persona realmente exista, que tenga ingresos rastreables, patrimonio visible y un historial de cumplimiento razonable. En esa validación suelen ayudar las aseguradoras y afianzadoras, pero usted también debe "buscar por su lado". En épocas de redes, no es tan complicado. Gestionar bien un deudor solidario implica pedir documentos, revisar su situación financiera, consultar centrales de riesgo y verificar que su firma no sea solo un gesto de cortesía, sino una garantía que efectivamente se pueda hacer valer.

La segunda forma de tener seguridad corresponde a lo que denominamos "deudores solidarios profesionales": las afianzadoras. Las afianzadoras son empresas privadas creadas para asumir, a cambio de un pago (único o recurrente), la obligación de responder si el arrendatario no cumple. Jurídicamente actúan como fiadores; es decir, su obligación nace y vive ligada a la obligación principal: si el arrendatario falla, la afianzadora entra a cubrir hasta cierto límite y bajo las condiciones pactadas en el contrato de fianza. Eso significa que el contrato de fianza se interpreta de manera estricta. Lo que está incluido se cubre; lo que no se mencionó expresamente no se puede exigir.

Gestionar una afianzadora exige tres pasos básicos: escoger una entidad seria y vigilada, leer con calma el contrato de fianza (qué obligaciones cubre, hasta qué monto, por cuánto tiempo, en qué eventos puede negarse a pagar) y cumplir su parte: informar cambios relevantes, no modificar el contrato de arrendamiento a espaldas del fiador y no hacer acuerdos de pago o condonar deudas sin su autorización.

Tip inmobiliario: cuando la fianza se firma en operaciones más grandes, puede ser una *fianza global*, que le permite asociar a "su cuenta" diferentes contratos de arrendamiento, como una especie de bolsa de la que usted saca o en la que incorpora contratos de arriendo que estarán amparados.

En estos casos suele fijarse un cupo máximo, una vigencia determinada, condiciones para cualquier refinanciación y, muchas veces, la renuncia del fiador a beneficios como la división o la excusión (términos técnicos que debe leer en el contrato que firme), lo que refuerza la idea de que ese afianzador está dispuesto a responder con seriedad si el obligado principal no paga.

Empresas afianzadoras en Colombia

Gráfico creado por las autoras utilizando la tecnología de visualización de Napkin Pro.

Posiblemente, la forma que brinda mayor seguridad sea la del seguro de arrendamiento, una tercera alternativa. Se trata de un contrato comercial mediante el cual una compañía de seguros asume el riesgo de que el arrendatario no pague, a cambio de una prima.

A diferencia del deudor solidario o de la afianzadora, que se comprometen como fiadores, aquí entra en juego la lógica técnica del seguro: hay un asegurado (normalmente el arrendador), un tomador (usted o su cliente), un riesgo claramente definido (el incumplimiento del pago del canon y, si se pacta, también de otros conceptos, como, por ejemplo, daños al inmueble) y una indemnización que se paga si el siniestro ocurre dentro de la vigencia de la póliza. El amparo básico suele cubrir los cánones dejados de pagar hasta un número máximo de periodos recurrentes; por ejemplo: "le pago hasta 24 meses de arriendo". Esto es la *cobertura*: lo que le pagan si el inquilino incumple. También se pueden contratar coberturas para cuotas de administración, servicios públicos y, en inmuebles comerciales, el impuesto sobre el canon, que para Colombia es el IVA.

Cada uno de esos amparos tiene límites, requisitos y exclusiones específicas: por ejemplo, que la obligación esté claramente pactada en el contrato, que los servicios públicos estén a cargo del arrendatario, que el incumplimiento ocurra durante la vigencia de la póliza y que el arrendador notifique el siniestro dentro de un plazo corto después de vencida la fecha de pago. Este tipo de contrato, el de seguro de arrendamiento, es de esos que se leen despacio, con café y libreta de notas cerca. Asegúrese de entender bien lo que le ofrecen. Ahí suele estar la diferencia de precio que encuentra entre una aseguradora y otra.

Gestionar bien un seguro de arrendamiento implica varios cuidados. Antes de firmar, hay que revisar que el contrato de arrendamiento cumpla los requisitos mínimos exigidos por la aseguradora. Muchas tienen sus propios formatos de contrato, que usted debe seguir. Otras imponen cláusulas que usted debe incluir.

Durante la vigencia del seguro (el tiempo que dura), es su tarea vigilar que la prima esté pagada a tiempo, que no haya cambios de fondo en el contrato y, si los hay, informarlos oportunamente a la aseguradora.

Después del siniestro (la falta de pago del inquilino), conviene recordar que el seguro no solo paga por él, sino que también se *subroga*. Esto es, la empresa entra a cobrarle al arrendatario moroso lo que, en virtud de su obligación como asegurador, tuvo que pagar por él (cánones pendientes u otros pagos asegurados). Usted debe colaborar permitiendo esa gestión. Cada entidad aseguradora tiene procedimientos específicos en estos casos. Le conviene familiarizarse con ellos, incluso si nunca llega a necesitarlos.

Las *pólizas globales* llevan esta lógica a un nivel de portafolio. En lugar de asegurar inmueble por inmueble con pólizas individuales dispersas, una póliza global permite agrupar múltiples contratos de arrendamiento bajo un solo paraguas, de manera similar al contrato de fianza global.

Para una inmobiliaria o una persona que administra varios inmuebles, esto simplifica la administración del riesgo: se manejan tarifas y condiciones unificadas, se reportan los contratos asegurados bajo reglas claras y, cuando hay un siniestro, se tramita dentro de un esquema que ya contempla cómo funcionan las notificaciones, los plazos y los montos máximos. Todo suele gestionarse a un clic de distancia, bajo plataformas de usuario institucional.

Gestionar una póliza global implica llevar un inventario organizado de los inmuebles cubiertos, reportar moras a la compañía de seguros, conservar en orden los contratos de arrendamiento y entender que la aseguradora analiza el comportamiento general de la *cartera* (el número de contratos vinculados frente al número de arrendatarios morosos) para ajustar condiciones, primas y renovaciones.

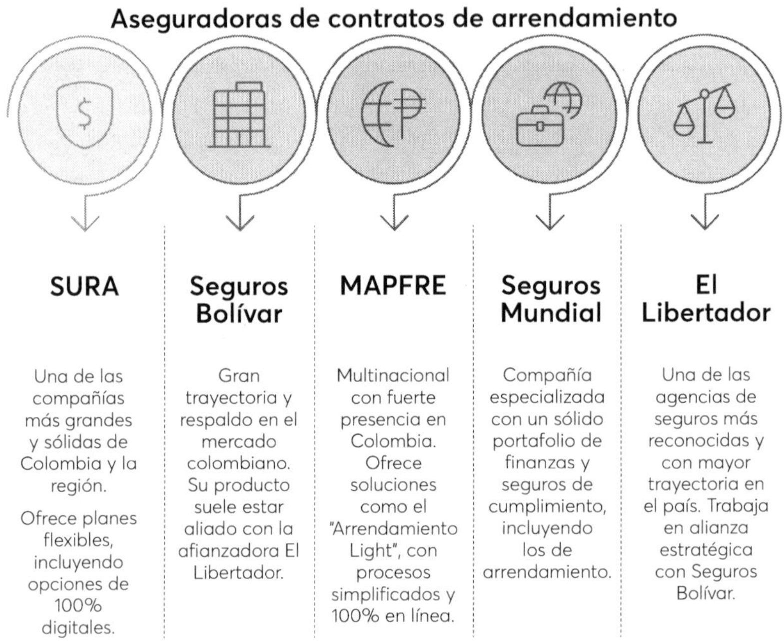

Gráfico creado por las autoras utilizando la tecnología de visualización de Napkin Pro.

Cada figura de respaldo tiene su propio rol. El deudor solidario personal pone su nombre, su patrimonio y su reputación al servicio de la obligación del arrendatario. La afianzadora profesional convierte ese respaldo personal en un sistema: estudia el perfil del arrendatario, asume un riesgo calculado y responde conforme a un contrato de fianza que conviene leer con lupa.

El seguro de arrendamiento, por su parte, traslada el impacto económico del incumplimiento a una compañía que, si se cumplen las condiciones, indemniza de manera ordenada, dentro de unos límites, y luego continúa la reclamación por su cuenta.

Ninguna de estas figuras elimina el riesgo por completo, pero todas, bien usadas, lo reducen a niveles manejables. La gestión de estas herramientas —las diferentes formas de garantía— empieza mucho antes de firmar el contrato de arriendo.

Hágase sin miedo las preguntas incómodas: ¿sé realmente con quién me estoy metiendo?, ¿he verificado antecedentes en centrales de riesgo y listas restrictivas?, ¿he leído al menos una vez completa la póliza que estoy firmando?, ¿entiendo qué cubre y qué no cubre la fianza?, ¿sé qué tengo que hacer, en concreto, el día que el arrendatario deje de pagar? También supone rodearse de los aliados correctos: un corredor o asesor de seguros que conozca bien el producto, una afianzadora seria, un contador que revise los balances, un abogado que evalúe las cláusulas clave, y una rutina interna para archivar contratos, soportes de pago y comunicaciones con los inquilinos.

No le estamos diciendo que los contrate a todos al mismo tiempo, pero sí que se informe y que, de vez en cuando, invierta en pagar por tiempo a uno de estos consultores, en hacerle preguntas y en pedirle consejo. Hacer negocios seguros no es vivir con miedo ni cerrar todos los caminos diciendo "mejor no, porque hay riesgo". De eso no se trata. Es todo lo contrario. Es buscar la manera segura y posible de *echar pa' adelante* sin arriesgar demasiado.

En este libro hemos hablado de promesas de compraventa, de estados jurídicos, de certificados de matrícula, de licencias y de la importancia de leer la historia completa de un inmueble antes de enamorarse de la fachada. Aquí completamos la idea: además de saber qué compra o qué arrienda, necesita saber cómo se va a respaldar si algo sale mal.

Tal vez su primer paso sea tan sencillo como decidir que nunca más arrendará sin verificar antecedentes y sin pactar un deudor solidario real. Tal vez sea el momento de explorar un seguro de arrendamiento para ese inmueble que le ha dado sustos, o de preguntar por una póliza global si administra un pequeño portafolio. Lo importante es que no se quede en la teoría. El corazón inmobiliario, bien entendido, no sueña negocios: los protege. Y cada capa de respaldo que añade es una forma de honrar el esfuerzo que hizo para llegar hasta aquí.

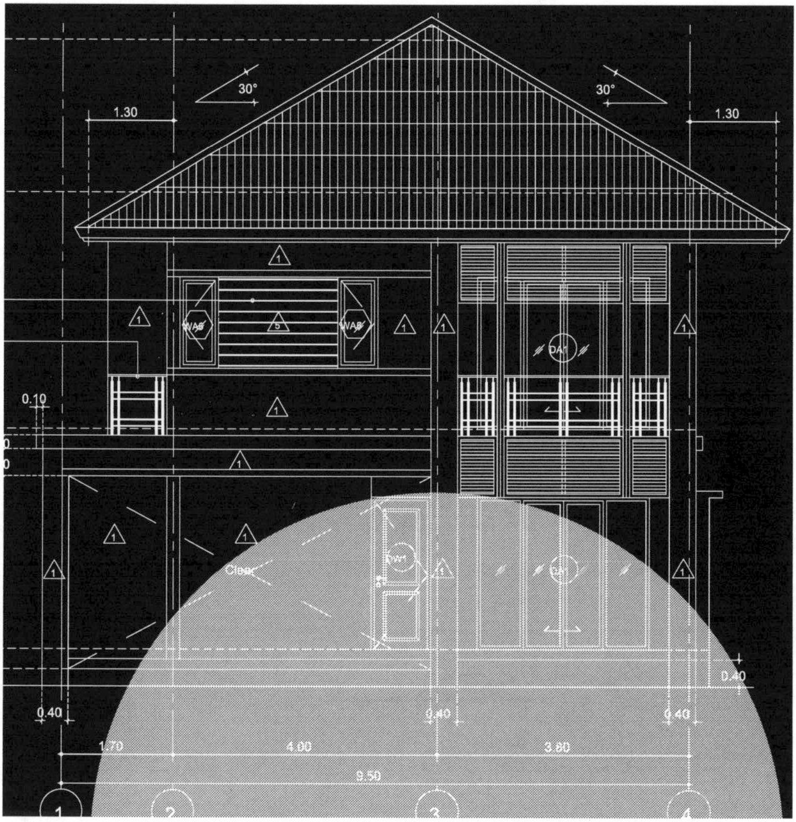

Declarar no es perder dinero, es ganar estatus. Un negocio que no existe para la DIAN no existe para los grandes bancos ni para los grandes inversionistas. Formalízate para que tu crecimiento no tenga techo.

Las autoras

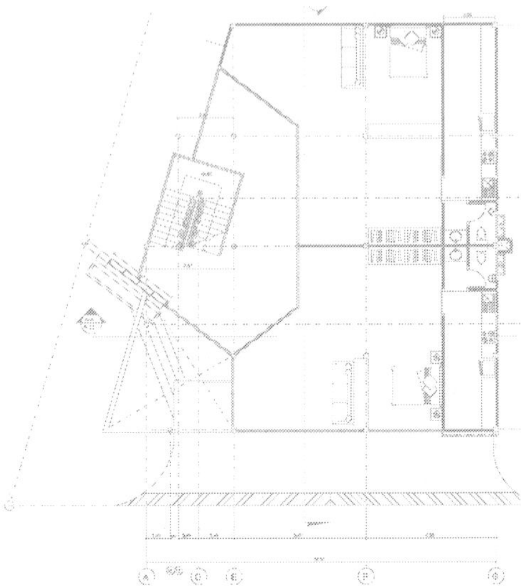

CAPÍTULO 20

La DIAN, su inmobiliaria y usted: lo básico para no enredarse

Adiós al miedo a la formalidad. Los impuestos y los registros no son obstáculos, sino cimientos que le permiten crecer, contratar y verse como un verdadero profesional ante bancos y clientes.

Prosperar en el mundo inmobiliario requiere saber existir formalmente para el Estado. Este capítulo le guía paso a paso para que la DIAN (los impuestos) y las entidades municipales dejen de ser un monstruo y se conviertan en socios de su estructura empresarial. La formalidad es, en última instancia, su "pasaporte" hacia negocios más grandes.

Antes de hablar de grandes negocios, hay que aterrizar en algo muy simple: si va a ganar dinero en el mundo inmobiliario, la entidad encargada de los impuestos en su país (en Colombia, la DIAN) tarde o temprano aparecerá en escena. No para asustarlo, sino para pedirle que le cuente quién es, qué hace y cuánto está ganando.

En Colombia puede ejercer la actividad inmobiliaria usando solo su cédula, como persona natural, o puede crear una sociedad. En este libro no entramos en el detalle de todas las formas de hacerlo, pero pensamos especialmente en la persona natural: quien empieza solo, con su nombre, su celular, su computador, en la sala de su casa, con el deseo de hacer las cosas bien.

Todo lo técnico resulta más útil para quien dispone de mayores recursos para estructurar un inicio robusto, pero no excluye a nadie. Para organizarse con los impuestos, el primer paso es decidir si va a tener o no un establecimiento de comercio. Si va a abrir oficina, poner aviso y tener un lugar fijo donde atiende, le conviene inscribirse en la Cámara de Comercio como establecimiento de comercio. Ese registro le da un nombre a su inmobiliaria, le permite aparecer en el *registro mercantil* y lo formaliza frente a bancos, proveedores y clientes. El trámite puede ser presencial o virtual. Un funcionario lo guía, le pide el nombre comercial, la dirección y la actividad económica y, después de unos días, le asigna un número para identificarse como comerciante: la *matrícula mercantil*.

Si, por el contrario, decide trabajar solo como agente de compraventa, sin local abierto al público, puede ejercer como persona natural sin necesidad de inscribir un establecimiento, siempre que cumpla con sus obligaciones tributarias.

En paralelo viene el *registro tributario*. En Colombia, ese Registro Único Tributario, el famoso RUT, es el documento con el que la DIAN lo reconoce como contribuyente. Allí queda consignado dónde vive, qué actividad económica realiza (por ejemplo, actividades inmobiliarias por cuenta propia o comisiones por corretaje), qué responsabilidades tiene frente a los impuestos y cómo deben identificarlo quienes le pagan honorarios o comisiones.

Tramitarlo es relativamente sencillo. Puede hacerse de forma virtual o presencial y solo debe actualizarlo cuando cambie algo importante: dirección, actividad o responsabilidades. De aquí en adelante, cada vez que cierre un negocio y le pidan "RUT y cuenta bancaria", sabrá que están verificando que existe formalmente para el sistema.

Si se va a dedicar a la administración de arriendos, debe tener un registro adicional y especial: el *Registro Nacional de Arrendadores*, que se tramita ante la alcaldía de su ciudad o municipio y es obligatorio a partir de diez inmuebles. Es la forma en que el municipio sabe que usted, como persona natural o con su empresa, maneja contratos de arrendamiento de manera profesional.

Si su enfoque es el turismo —por ejemplo, alquiler por días tipo *Airbnb* o apartahoteles—, entra en juego un registro diferente: el Registro Nacional de Turismo (RNT). Inscribirse allí, renovar anualmente antes de la fecha límite y presentar las declaraciones del impuesto al turismo cuando corresponda es parte del "paquete de seriedad" de un anfitrión o de una inmobiliaria turística.

Para un solo inmueble en *Airbnb*, muchas veces basta con el RNT y el cumplimiento de sus obligaciones personales. En resumen, a medida que crece, tendrá que ir sumando registros y controles.

De persona natural a negocio inmobiliario

Gráfico creado por las autoras utilizando la tecnología de visualización de Napkin Pro.

Las *obligaciones tributarias* más visibles son pocas, pero importantes. Como persona natural con actividad inmobiliaria, la regla general es que cada año presente declaración de renta, incluso si el resultado es "en ceros" o si no le da impuesto a pagar.

Declarar no es lo mismo que pagar: es informar. Para hacerlo sin dolor, necesita conservar los soportes de sus ingresos y, sobre todo, de sus gastos. Todo lo que sea costo o gasto de su actividad (transporte, publicidad, papelería, servicios de oficina, honorarios, seguros, mantenimiento de inmuebles que administra por su cuenta) debería estar respaldado con una factura electrónica. Si contrata a alguien que no está obligado a facturar, será usted quien tenga que elaborar el *documento soporte equivalente* para poder incluir ese pago en su contabilidad personal.

Luego aparece el impuesto más conocido: el Impuesto al Valor Agregado (IVA). Este impuesto se causa por la venta de bienes, pero también por la prestación de servicios. El servicio de intermediación inmobiliaria, es decir, el corretaje por compraventa o por arriendo, en Colombia está gravado con IVA.

La buena noticia es que ese impuesto lo paga quien lo contrata; no sale de su bolsillo. La responsabilidad importante para usted es otra: llevar el control de sus ingresos y saber que, cuando supere el tope que fija la ley para pequeñas actividades, se convierte en responsable del IVA.

En ese momento tendrá tres tareas nuevas: facturar electrónicamente, cobrar el IVA en sus servicios y presentarlo en una declaración periódica para pagarlo a la DIAN. Antes de ese umbral, puede actuar como no responsable de IVA, lo que simplifica bastante su día a día, aunque cada caso debe revisarse según la época y la norma vigente.

Ciclo de obligaciones tributarias inmobiliarias

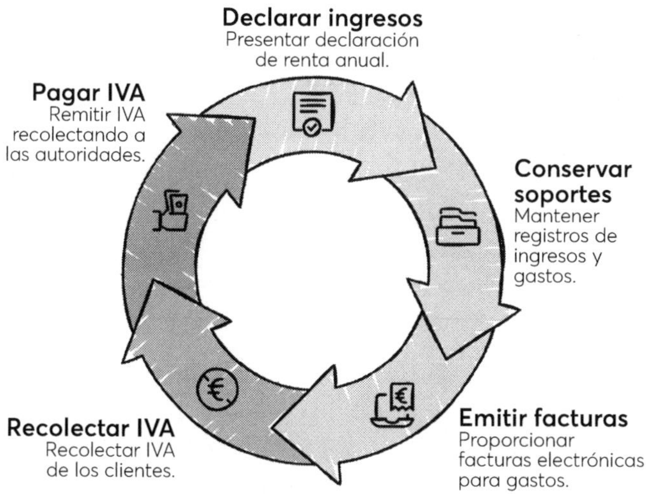

Gráfico creado por las autoras utilizando la tecnología de visualización de Napkin Pro.

Además de la DIAN, entran en escena los impuestos municipales. Estos se generan de manera diferente en cada ciudad. Aunque el impuesto sobre la propiedad (el predial) es el más conocido, suele haber también impuestos sobre las actividades productivas. El más conocido para las actividades comerciales es el Impuesto de Industria y Comercio (ICA). En algunos municipios se declara una vez al año; en otros, cada dos meses. La alcaldía suele publicar un estatuto tributario municipal y un calendario de vencimientos.

Si al principio se mueve solo en un municipio, la carga es más llevadera. A medida que su inmobiliaria crece y empieza a tener negocios en varias ciudades, puede que termine obligado a declarar ICA en más de un lugar. En ese punto, lo inteligente es pedir ayuda: uno de esos colegas contadores que viven precisamente de ordenar estos rompecabezas.

¿Y qué pasa con las obligaciones con el Estado y con su gente? Como independiente, también tiene una cita mensual con la seguridad social. En Colombia, los aportes se calculan sobre una base que suele partir del cuarenta por ciento de sus ingresos, con un límite máximo.

Sobre esa base paga salud, pensión y, si corresponde, una administradora de riesgos laborales. Aunque al principio puede "doler" ver salir ese dinero, piense que es parte de su estructura como profesional: le da acceso al sistema de salud, le construye semanas para pensión y le protege frente a ciertos accidentes de trabajo. Un corazón inmobiliario sano no solo piensa en ganar; piensa también en estar protegido.

Para que todo esto no suene abstracto, vamos a ponerle nombre y pensar en un caso. Imagine a Mathias, que decide empezar su camino inmobiliario como persona natural. Vive en una ciudad intermedia, tiene experiencia en ventas y sueña con trabajar para sí mismo. Primero se acerca a la Cámara de Comercio y registra un pequeño establecimiento: "Los García Inmobiliaria". Luego tramita su RUT, donde registra su actividad económica. Como su enfoque inicial es la compraventa y uno que otro arriendo, no necesita registro de arrendador ni, mucho menos, Registro Nacional de Turismo.

Durante el primer año hace cuatro negocios: dos compraventas y dos arriendos. Pide que le paguen mediante transferencia y se asegura de entregar cuentas de cobro con sus datos, así como de recibir facturas por lo que gasta en publicidad y funcionamiento. A final de año, con los recibos en orden, presenta su primera declaración de renta y descubre que, más allá del susto, fue manejable. Todavía no ha superado el tope para ser responsable de IVA, pero sabe que, cuando llegue allí, tendrá que dar el salto a la facturación electrónica.

Entre tanto, cada mes paga seguridad social sobre la base legal y se va familiarizando con palabras que al principio le asustaban: DIAN, ICA, RUT, renta. Luego de un tiempo empieza a necesitar ayuda y está listo para contratar, al menos por medio tiempo, a su primer empleado. Mathias, que antes pensaba en buscar trabajo, ahora lo crea. Parece magia, pero es orden, estructura, responsabilidad y trabajo.

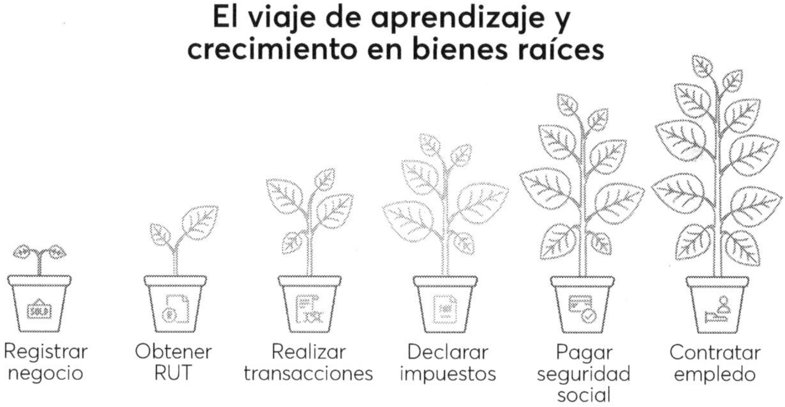

Gráfico creado por las autoras utilizando la tecnología de visualización de Napkin Pro.

Ese es el mensaje básico de este capítulo: la formalidad no está para aplastarlo, sino para darle un piso. Cuando entiende qué le pide la DIAN y qué le pide su municipio, deja de vivir con miedo a la carta de cobro o a los requerimientos por ser irregular y empieza a trabajar con confianza. No necesita tener un contador y un abogado desde el primer día. Puede estructurar su negocio solo, en pequeño, e ir avanzando paso a paso. Lo importante es no esconder la cabeza en la arena.

Si este libro quiere ayudarlo a prosperar, también quiere ayudarlo a que esa prosperidad sea tranquila y sin sobresaltos tributarios por falta de información.

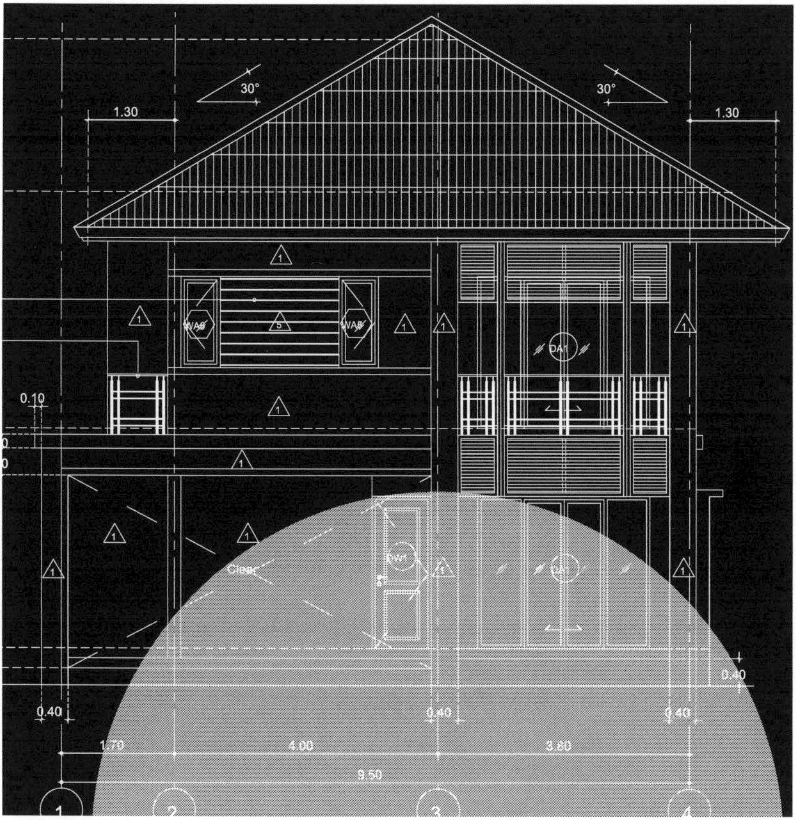

No vendes un producto, vendes quién eres. Si tu actitud es mediocre, tu producto será mediocre, aunque sea de oro. La gente olvida lo que compró, pero nunca olvida cómo la hiciste sentir.

—Dante Gebel

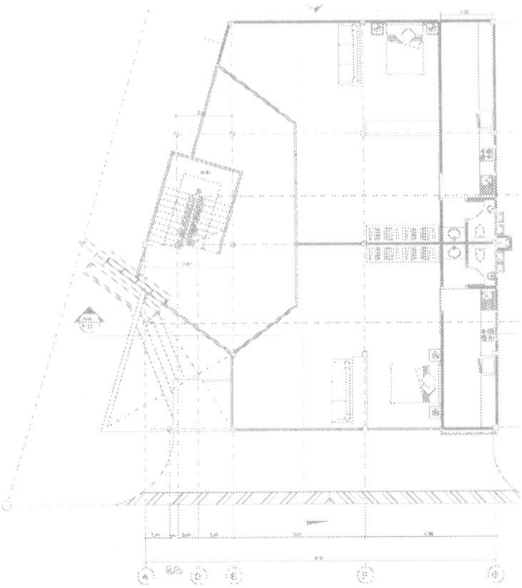

CAPÍTULO 21

Anécdotas sin corazón: lo que debe evitar

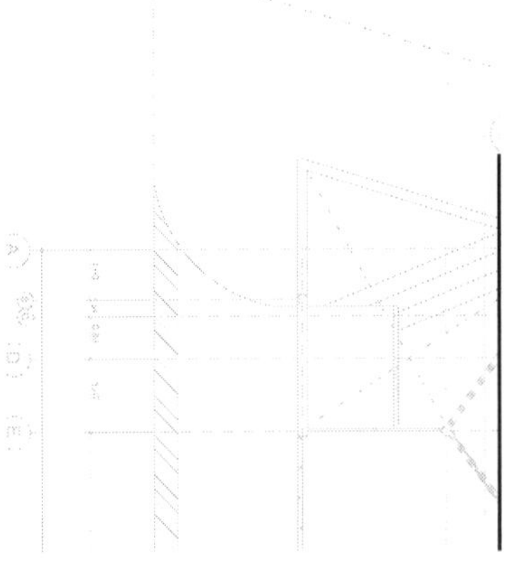

El verdadero éxito en el mundo inmobiliario y financiero no se mide por el brillo de un logo o la altura de una fachada, sino por la solidez de los procesos y, sobre todo, por la empatía en el trato humano. A través de estas tres parábolas modernas sobre la ética y el servicio, descubrimos que es posible evitar las grietas de la gestión tradicional para construir prosperidad con alma, donde la calidad humana es la única llave que mantiene abiertas las puertas de la confianza.

Hay lecciones que se aprenden en cursos, en manuales y en libros, y hay otras que solo se aprenden a punta de realidad: clientes molestos, negocios que se caen, contratos que se tensan, cuentas que no cuadran. Las anécdotas de aprendizaje nacen de ahí, de esos momentos en los que el oficio inmobiliario se nos sale de las manos y nos obliga a mirarnos con honestidad. No son historias para señalar ni para avergonzar a nadie, sino para que quien las lea pueda decir en silencio: "esto me podría pasar a mí" y, ojalá, evitar el golpe antes de dárselo.

En las páginas que siguen va a encontrar ejemplos concretos de mala gestión, decisiones apresuradas, falta de método o exceso de legalismo, cada uno rematado con una llave: una idea clara que marca un límite sobre lo que no se debe hacer o en lo que no se debe extralimitar. La intención es sencilla y poderosa a la vez: que estas historias se conviertan en su manual de "alertas tempranas", para que, cuando vea algo parecido en su propia práctica, pueda frenar a tiempo, corregir el rumbo y elegir siempre el camino que cuide a su cliente, su reputación y su tranquilidad.

El letrero grande

A Juan Pablo siempre le habían dicho que, cuando se tratara de su patrimonio, lo mejor era ir "a la fija". Por eso, cuando decidió arrendar la casa donde había vivido con su familia durante años, no dudó en caminar directo hacia el aviso más visible de la calle principal: FORTIA Capital Inmobiliaria. Un letrero impecable, letras metálicas, un *lobby* brillante y un muro lleno de fotos de inmuebles que parecían sacados de revista.

Juan Pablo necesitaba que esa casa se arrendara pronto. No era un capricho: la renta mensual estaba destinada, peso por peso, al pago de los colegios de sus dos hijos. Un buen canon era importante, sí, pero lo verdaderamente urgente era el tiempo. Cada mes sin arrendatario era un hueco en la tranquilidad de la familia.

La primera reunión fue perfecta. El gerente comercial de FORTIA Capital Inmobiliaria lo recibió con una sonrisa entrenada y un discurso impecable:

—Claro que sí, don Juan Pablo, estamos especializados en su zona…

—Claro que sí, el precio que usted propone es totalmente viable…

—Claro que sí, tenemos muchos clientes para ese perfil…

—Claro que sí, lo movemos rapidísimo.

"Claro que sí" era la frase oficial de la casa. No hubo un solo "tengo que revisarlo", ni un "déjeme estudiar el mercado", ni un "podríamos ajustar un poco la estrategia". Todo era posible, al menos en palabras.

Firmaron un mandato de administración elegante, lleno de logos y de cláusulas técnicas. Juan Pablo salió tranquilo. Sentía que había hecho lo correcto: encomendar su casa a una inmobiliaria grande, con muchos inmuebles, con un nombre que sonaba fuerte y serio. "Aquí no me van a fallar", pensó.

Los días pasaron. Luego, las semanas.

Las primeras señales de incomodidad llegaron en forma de silencio. Nadie llamaba para decirle cómo iba la gestión. Cuando él marcaba, lo transferían de una extensión a otra:

—Un momento, lo paso a comercial.

—Un momento, lo paso a la persona encargada de su inmueble.

—Un momento, le regreso la llamada en cinco minutos.

Los cinco minutos se convertían en días.

Las visitas se agendaban, pero nadie las confirmaba. Cuando, después de insistir, logró hablar con alguien del equipo, las respuestas eran vagas:

—Sí, lo tenemos publicado.

—Sí, han llamado, pero todavía no tenemos nada concreto.

—Sí, estamos en eso.

Juan Pablo notó que su casa era solo una más en una lista interminable. FORTIA Capital Inmobiliaria tenía tantos inmuebles que ninguno alcanzaba a recibir tiempo de calidad. Las fotos del anuncio eran estándar, la descripción parecía copiada y pegada de otro aviso, y nadie se tomaba el trabajo de preguntarle qué tipo de arrendatario soñaba tener, qué cosas quería evitar o qué flexibilidades estaba dispuesto a conceder para acelerar el proceso.

El letrero grande seguía siendo grande. Pero por dentro, el servicio era pequeño.

Un día, cansado de esperar, Juan Pablo decidió verificar por su cuenta. Entró a la página de la inmobiliaria y buscó su casa. Tardó varios minutos en encontrarla. El anuncio tenía un error en la dirección, otro en el valor del canon y un teléfono que no correspondía al asesor que supuestamente llevaba su caso. Pensó en llamar para reclamar, pero se encontró, otra vez, con la muralla de las respuestas impersonales:

—Ya mismo lo corregimos, don Juan.
—Sí, claro que sí, don Juan.
—Tranquilo, don Juan, eso no afecta.

Pero sí afectaba.

Dos meses después de firmar el mandato, la casa seguía vacía. El colegio le había enviado dos recordatorios de pago. El ahorro que tenía reservado para emergencias ya empezaba a adelgazar.

Juan Pablo no estaba enojado solo por la falta de resultados; estaba dolido por algo más profundo: la sensación de no ser importante. De haber confiado en un nombre que brillaba hacia afuera, pero que, al interior, no lograba sostener lo más básico: cercanía, responsabilidad y compromiso. Fue ahí cuando entendió una verdad que no cabe en ningún letrero: en los tiempos modernos, el nombre de fachada abre la puerta, pero solo la calidad humana y el servicio personal la mantienen abierta.

Ese día, antes de revocar el mandato, Juan Pablo se prometió algo: nunca más entregaría su casa —ni su tranquilidad— a un equipo que dijera "sí" a todo, pero que no tuviera tiempo para escuchar lo que de verdad necesitaba.

Llave:

Un portafolio lleno y un letrero grande no garantizan buen servicio.

En inmobiliaria, la verdadera marca no es el logo: es la respuesta oportuna, la escucha activa y el compromiso real con la necesidad del cliente. Si una empresa dice "sí" a todo, pero no tiene tiempo para usted, el límite es claro: ahí no es.

El jardín sin senderos

El nombre lo prometía todo: EL EDÉN INMOBILIARIA.

Sonaba a lugar perfecto, a orden, a abundancia, a ese jardín cuidado donde todo florece. El logo tenía hojas, flores y una casita al fondo, como si los negocios fueran a brotar solos de la tierra con solo pronunciarlo.

Pero dentro de ese "jardín" faltaba lo más importante: senderos. No había método. Y donde no hay método, lo que crece no es la prosperidad, sino el caos.

EL EDÉN funcionaba a punta de buena voluntad y memoria. Nada de listas de chequeo, nada de formatos claros, nada de procesos escritos. Cada mes era una pequeña aventura, y cada inmueble parecía tener sus propias reglas improvisadas.

Al principio, la cosa parecía soportable. Tenían pocos inmuebles, los dueños conocían al administrador de toda la vida y cualquier error se arreglaba "hablando". Pero cuando el portafolio empezó a crecer, los huecos del jardín se hicieron visibles.

Un mes, el problema empezó por algo tan sencillo como la fecha de pago del canon.

Un contrato decía, de manera clarísima: "el canon deberá pagarse dentro de los cinco (5) primeros días de cada mes". No había otra interpretación posible. Sin embargo, en la práctica, EL EDÉN cobraba cuando se acordaba. A veces el 2, a veces el 7, a veces el 12. Un inquilino empezó a pagar sistemáticamente a final de mes, no porque fuera mal pagador, sino porque nadie le exigió otra cosa. Recibió correos sin fecha, mensajes sin claridad y nunca una gestión disciplinada que le dijera: "esto es lo que corresponde y en este plazo". Resultado:

- El inquilino pagaba tarde.
- EL EDÉN recibía tarde.
- Y lo más grave: el propietario nunca vio un peso de intereses, sanciones ni recargos, porque la inmobiliaria jamás se tomó el trabajo de aplicarlos, como decía el contrato.

"Lo importante es que pague", decían. Pero lo importante, en realidad, era respetar el método que no tenían.

En otro inmueble, el problema fue el IVA.

El contrato era de arrendamiento con IVA incluido, porque el propietario era responsable de este impuesto y necesitaba declarar correctamente ese ingreso gravado. EL EDÉN, en lugar de seguir una fórmula clara, recibía los pagos como llegaban, sin distinguir qué parte era canon, qué parte era IVA, qué parte le correspondía a la inmobiliaria y qué parte debía quedar como recaudo para el propietario.

Durante varios meses, el canon entró completo, sin separar el IVA. No se facturó ni se registró por separado. No se programaron los giros correctos.

Cuando el propietario se sentó con su contador para declarar, descubrió que nadie había llevado el control del IVA que debía reportar.

Hubo que reconstruir mes a mes la historia de los pagos, adivinar qué hacía parte de qué, mendigar extractos bancarios y correos, armar un rompecabezas que nunca debió existir. Y, por debajo de todo eso, había otra bomba silenciosa: la falta de una fórmula para el dinero que entraba y salía cada mes. EL EDÉN cobraba por administración un 12% del canon mensual. Dentro de ese 12%, ya se sabía que:

- 2,5% se destinaba al pago de la aseguradora de arriendo.
- 0,5% era provisión para reparaciones del inmueble.

En teoría, de cada 12 pesos que entraban como "honorarios de administración", solo 9 eran ingreso real para la inmobiliaria. En la práctica... nadie lo tenía claro. No había cuadro, ni plantilla, ni control.

El dinero llegaba a la cuenta, se pagaba a la aseguradora cuando se acordaban, se respondía al plomero de turno, se giraba al propietario y lo que quedaba en caja se asumía como "ganancia". Hasta que, un día, ya no quedaba nada.

Los números empezaron a hablar más fuerte que las flores del logo:

- Había meses en los que, después de pagar la aseguradora, cubrir una reparación y girar al propietario lo que "se creía correcto", la inmobiliaria terminaba casi en ceros.
- Había otros en los que se olvidaban de apartar la provisión para reparaciones y, cuando llegaba una reparación grande, no había fondo para enfrentarla.

- Y hubo más de una ocasión en que, por no distinguir ingreso real de dinero de terceros, llegaron a usar plata del propietario como si fuera propia.

Nada de esto empezó con mala intención. Empezó con algo que parece pequeño, pero que en un negocio de administración es letal: no tener método.

Un método es una lista de pasos claros que se repiten siempre. Es un cuadro que le dice, cada mes, cuánto entra, cuánto sale, qué es suyo y qué es ajeno. Es una rutina para revisar fechas, impuestos, provisiones y saldos. Es la disciplina de auditar lo que se hizo ayer para no cometer el mismo error mañana.

En EL EDÉN, el jardín estaba lleno de actividad, pero vacío de método. Los clientes empezaron a notar la desorganización:

- Propietarios que recibían giros incompletos o a destiempo.
- Arrendatarios confundidos con los valores y las fechas.
- Respuestas imprecisas cuando alguien hacía preguntas.
- Explicaciones que sonaban más a excusa que a gestión.

En pocos meses, la inmobiliaria que prometía paraíso empezó a oler a reclamo. El administrador vivía apagando incendios, tratando de explicar lo inexplicable: que había manejado plata de otros sin tener claridad de los números. Los clientes, con razón, se molestaron. Algunos revocaron mandatos; otros amenazaron con demandas. El desgaste fue total.

EL EDÉN cerró sin haber entendido a tiempo que el verdadero "Edén" no son los inmuebles bonitos ni los logos verdes, sino la paz mental de saber que cada peso está donde debe estar, que cada fecha se cumple y que cada regla del contrato se aplica.

Llave:

Un jardín sin senderos es solo vegetación desordenada. En inmobiliaria, sin método, no hay paraíso.

Aprenda, revise, estandarice, ordene y tenga una fórmula: la suya, la que esté seguro de que le funciona. Aplique siempre el mismo procedimiento, documente cada paso y audite su trabajo. Lo que no se revisa, se repite; y lo que se repite sin control termina costando caro.

El contrato tenía razón... pero le faltaba corazón

La llamaremos VENTAJA INMOBILIARIA.

Era una inmobiliaria correcta, juiciosa con el papel, muy orgullosa de sus formatos y de sus contratos "blindados". Sabían de cláusulas, sabían de exclusividades, sabían de términos. Lo que todavía no sabían era que, en este negocio, tener razón no siempre es lo mismo que hacer lo correcto.

VENTAJA INMOBILIARIA había ubicado un inmueble: una casa bien situada, fácil de mostrar, con un canon razonable. Firmaron con el propietario un mandato de administración con exclusividad: mientras el contrato estuviera vigente, solo ellos podían gestionarlo para arriendo. El documento era claro: si el inmueble se arrendaba durante ese tiempo, la comisión de la inmobiliaria se causaba, independientemente de quién consiguiera al inquilino.

La asesora encargada del caso se tomó su trabajo en serio. Publicó el inmueble, atendió llamadas, hizo visitas y se desplazó varias veces con posible clientela. El mercado estaba difícil: mucha oferta, poca demanda, clientes indecisos. A pesar de su esfuerzo, las semanas pasaban y el contrato no se cerraba.

El propietario, por su parte, estaba inquieto. El canon era un ingreso importante para su economía familiar. Empezó a moverse por su cuenta: comentó en el edificio, habló con vecinos, mencionó el tema en su trabajo y preguntó a conocidos. Un día, una compañera de oficina le dijo: "mi hermana está buscando justo algo así". Intercambiaron teléfonos, se coordinaron, se pusieron de acuerdo en las condiciones y, casi sin darse cuenta, el propietario había conseguido inquilina.

Una mañana llamó a VENTAJA INMOBILIARIA:

—Buenos días, ya conseguí un arrendatario. Necesito, por favor, las llaves para entregarle el próximo sábado.

El mensaje, en su cabeza, era simple: no funcionó por un lado, sí funcionó por otro y ahora solo hacía falta cerrar con orden. Esperaba quizá una felicitación o, al menos, una reacción neutra.

Lo que recibió fue un recordatorio frío del contrato.

—Señor, recuerde que usted firmó exclusividad con nosotros.

—Sí —respondió él—, pero el cliente lo conseguí yo. No hubo gestión de ustedes en este caso.

—Entendemos, pero el contrato dice que, si el inmueble se arrienda durante la vigencia del mandato, se causa la comisión. Aunque el cliente lo haya conseguido usted, la comisión es nuestra.

Hubo un silencio tenso al otro lado de la línea.

—Entonces... ¿no me entregan las llaves si no les pago? —preguntó el propietario, incrédulo.

—Necesitamos que se ponga al día con la comisión del primer mes de arriendo. Es lo que está firmado. Luego de eso, claro que sí, coordinamos la entrega de las llaves.

La asesora no levantó la voz. No fue grosera. Solo se aferró a la letra del documento. Para VENTAJA INMOBILIARIA, el tema era sencillo: había un contrato y el contrato les daba derecho.

El propietario colgó con una sensación muy distinta. No estaba pensando en cláusulas; estaba pensando en algo más básico: se sentía atrapado. Percibía que la inmobiliaria estaba usando las llaves —sus llaves— como rehén para asegurar un pago que, a su criterio, no era justo.

Se enojó. Mucho.

Pero necesitaba arrendar. Necesitaba ese canon.

Hizo cuentas, habló con su esposa, se desahogó un rato y, al final, tomó la decisión menos amarga: pagó. No porque estuviera de acuerdo, sino porque no quería alargar el conflicto.

Sí, VENTAJA INMOBILIARIA cobró.

Sí, la comisión del primer mes entró a su caja.

Sí, el contrato "se respetó".

Pero algo mucho más valioso se rompió en el camino: la confianza.

El propietario no volvió a trabajar con ellos. Nunca más los recomendó. Cuando amigos o familiares mencionaban que necesitaban una inmobiliaria, su respuesta era rápida:

—Con esos no, gracias.

Y contaba su historia no como anécdota legal, sino como experiencia humana: la de sentirse maltratado y cobrado por algo que él mismo había hecho.

Del lado de la inmobiliaria, nadie vio la pérdida inmediata. En los reportes de ese mes, la comisión figuraba como ingreso. Lo que no figuraba en ningún estado financiero era el costo silencioso de esa decisión: un cliente menos, muchos referidos menos y una historia rondando el mercado que empezaba con una frase demoledora: "me sentí robado".

VENTAJA INMOBILIARIA había tenido derecho según el papel, pero no había tenido razón según la justicia del intercambio.

Llave:

La humanidad va primero. El contrato, lo firmado y lo legal son fundamentales: dan garantía, seguridad y estructura. Sin embargo, hay circunstancias en las que lo legal debe ceder un paso a lo justo, y uno debe saber soltar, justo cuando lo legal no siempre coincide con lo justo.

En este oficio no se trata de cobrar todo lo que el papel permitiría, sino de construir dinero feliz: ingresos que llegan por trabajo real y equilibrio en el intercambio, no por apretar una relación hasta el límite. El negocio que se suelta hoy, cuando no corresponde, vuelve mañana multiplicado en confianza, reputación y nuevos clientes.

⁂

En estas tres historias se repite un mismo patrón con ropa distinta: el letrero grande que promete y no acompaña; el jardín bonito sin organización ni proceso, donde el dinero se enreda, y el contrato perfecto que, por aferrarse a la letra, rompe la confianza.

Lo que se debe evitar es claro: no corra a decir "sí" sin capacidad de responder; no administre sin fórmula; tenga un plan, por sencillo que sea, y nunca cobre por cobrar. Valore su trabajo y cobre con un corazón generoso, consciente de la abundancia y la prosperidad que trae un intercambio justo.

Al final, el negocio no se sostiene con vitrinas, logos, nombres o letreros: se sostiene con confianza. Y la confianza solo nace cuando el cliente siente que su urgencia importa y que cada peso está en el lugar correcto.

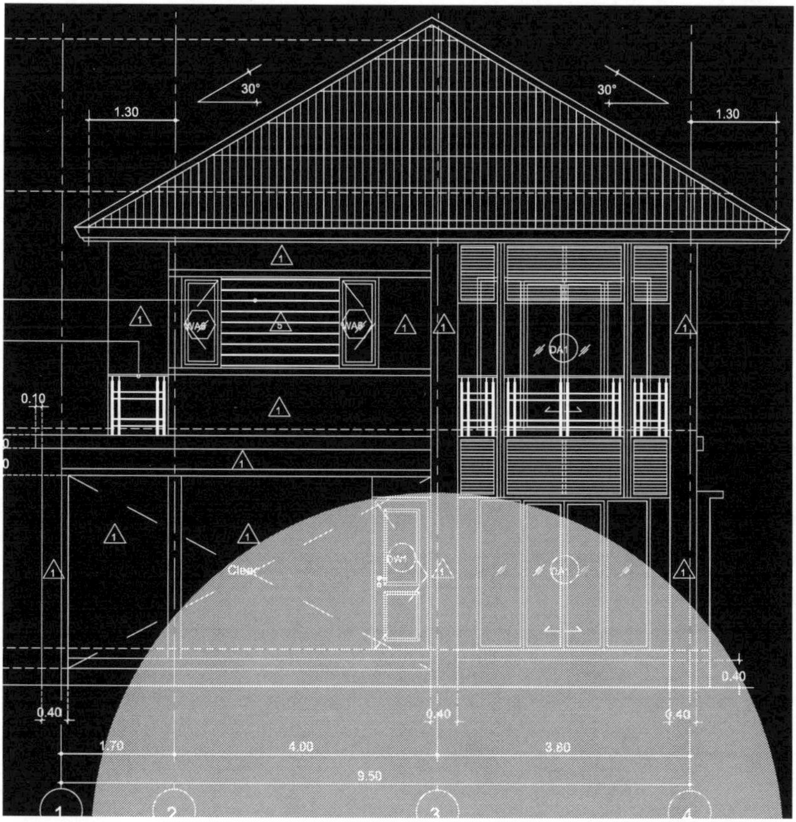

La gratitud es lo que nos permite celebrar el presente porque nos obliga a reconocer que la bondad en nuestra vida tiene una fuente externa.

—Robert Emmons (autor de Thanks!: How the New Science of Gratitude Can Make You Happier*).*

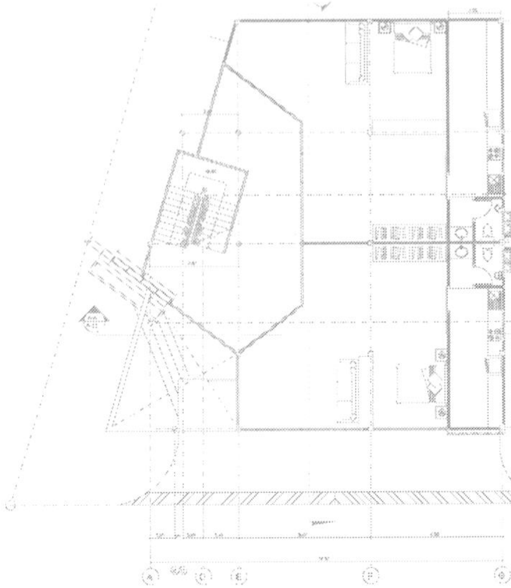

CAPÍTULO 22

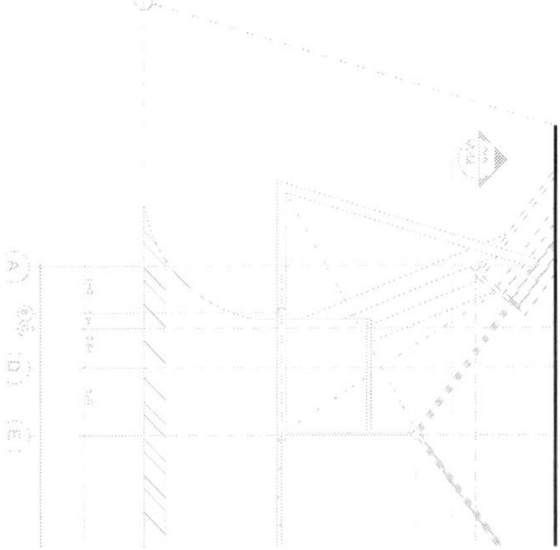

Los mejores consejos de quienes ya lo lograron

Es común que veamos en redes testimonios emocionales. Esos que nos llenan de alegría y nos hacen sonreír con solo pensar que algo similar pudiera pasarnos a nosotros.

No criticamos esas publicaciones, pero sí hacemos una advertencia: lo que suele verse en redes es la fase final del esfuerzo. Es solo el resultado, el testimonio de esa alegría, el momento en que el logro se materializa.

Las historias que hemos elegido entre muchas otras tienen algo distinto al mundo del *like* o de los corazones, porque en ellas se comparte la visión completa. Incluyen el lado exigente del proceso: esos momentos de silencio en los que puede faltar la motivación, pero persiste la acción con propósito claro, sostenida con constancia hasta que finalmente se consigue.

La historia de Edgar Nixon Quintero Orozco: el sembrador que cosecha abundancia[16]

Édgar Nixon Quintero, a quien muchos conocen como "Rino", vive entre Cali, Colombia —ciudad que ama— y Miami,

16 Édgar Nixon Quintero O. es un empresario a carta cabal. Actualmente vive entre Estados Unidos y Colombia. En ambos países tiene inversiones en finca raíz. En Colombia es titular de modelos de negocio tercerizados y accionista de varias empresas del sector real. Está siempre abierto a compartir lo que sabe con quien lo pueda necesitar.

Estados Unidos, un lugar que eligió por razones de tranquilidad y paz social. Es rentista de capital, pensionado y comerciante. Su historia, como la de muchos otros, no comenzó en el mundo inmobiliario, sino mucho antes, en una etapa marcada por el estudio, el trabajo constante y una disciplina silenciosa.

Antes de este camino

Antes de acercarse al sector inmobiliario y de experimentar el cambio que hoy puede relatarse, estudió y trabajó con dedicación y juicio. Ahorró con un objetivo claro: alcanzar bienestar y estabilidad. En ese momento de su vida, lo que más le preocupaba no era la carencia material, sino la manera de afrontar las dificultades. No se quejaba; prefería reevaluar las situaciones, tomar decisiones con calma y apoyarse en personas que consideraba dignas de aprecio y respeto.

Vivía como la mayoría, pero siempre con una "llamada interna" a hacerlo de forma distinta, con otro enfoque. Prestar atención a esa llamada fue lo que marcó su rumbo. En muchas ocasiones, cuando su esposa vislumbraba buenas ideas o cuando ambos imaginaban proyectos, decidían ahorrar. De ese ejercicio compartido surgieron logros importantes: bienes materiales, crecimiento espiritual y, sobre todo, una sólida construcción humana y familiar.

El encuentro con este camino

Su llegada al mundo inmobiliario —y al conocimiento que hoy aplica— se dio a través de varias vías: un curso, una conversación, una lectura. Existía, sin embargo, una idea previa que lo acompañaba desde la infancia: el deseo de vivir mejor. La lectura de *El rinoceronte*, de Scott Alexander, terminó de convencerlo de que, con ese enfoque, podía lograr muchas cosas. A partir de ahí, comenzó a aplicarlo.

Lo primero que pensó fue que quizá ese camino sí era para él. Los resultados empezaron a aparecer cada vez que asumía compromisos y encontraba respuestas positivas y motivadoras: pequeñas confirmaciones que reforzaban la decisión tomada.

Lo que empezó a hacer distinto

Después de dar el paso, el cambio más concreto fue la independencia. A eso se sumó una formación —más filosófica que académica— alrededor del ahorro, el apoyo mutuo y la construcción a largo plazo. Entendió que, aunque no siempre se estudie formalmente economía, es indispensable actuar con prudencia financiera para alcanzar objetivos satisfactorios.

Nunca se definió desde el miedo. Reconoce haber sentido temor en algunos momentos, pero no pesimismo. Para él, la constancia y la honestidad terminan imponiéndose.

Del negocio inmobiliario extrajo una lección: el ahorro permite bienestar y crecimiento familiar. El ejemplo, más que el discurso, enseña y genera satisfacciones profundas.

Los resultados y la transformación

Con el paso del tiempo, este proceso le trajo transformaciones visibles. Cambios económicos, profesionales, familiares y de propósito. Pasó de depender de un salario básico a asumir mayores responsabilidades, tanto familiares como morales. Ese compromiso le permitió disfrutar de lo que considera los bienes fundamentales de la vida: salud, estabilidad económica, amor y el gusto por vivir.

Uno de sus mayores orgullos ha sido sacar adelante a sus seres queridos, al provenir él de una familia humilde, con fuertes principios morales y una ética del trabajo que le enseñó a pensar en un futuro digno y próspero.

Hoy vive con la sensación de haber alcanzado el éxito, aunque lo define desde la humildad. Se considera alguien que vive "como un rey", no por ostentación, sino por coherencia entre esfuerzo, honestidad y constancia. La dedicación y el ahorro fueron, para él, las herramientas decisivas.

Un mensaje que deja su historia

Quien se acerque a su historia podría pensar que hubo momentos de extravío. Sin embargo, Rino no se describe como alguien perdido. Lo que siempre rechazó fue la deshonestidad. Cree firmemente que la conciencia señala con claridad lo que está bien y lo que está mal, incluso antes de preguntar.

Desde esa convicción, su mensaje es sencillo: actuar con honestidad y responsabilidad, y pensar con claridad en el futuro que se desea construir. No como una consigna, sino como una práctica diaria.

Frase que resume su camino

"El que siembra con talento recoge con abundancia".

La historia de Ana Isabel Corral: la mujer que aprendió a bailar bajo la tormenta[17]

Me reuní con Ana frente a un café. Yo la veía como una especie de supermujer: empresaria sólida, voz firme en reuniones de alto nivel, esa clase de persona que uno imagina nacida con un traje de ejecutiva puesto. Lo que no imaginaba era que detrás de esa imagen había una historia de duelos, decisiones valientes y conversaciones silenciosas con tres "ángeles" muy peculiares.

Ana creció en una época en la que la mujer perfecta se casaba joven, tenía varios hijos y una casa de revista. Ella, sin embargo, sentía curiosidad por las leyes. Mientras otros hojeaban revistas, ella leía contratos. Quiso estudiar Derecho, pero la familia empujó al hijo varón hacia la universidad y a ella hacia una carrera técnica "más adecuada". Lo que no sabían era que su talento para los negocios y su espíritu inquieto encontrarían su propio camino.

Se casó con Jaime Aparicio, juntos organizaron con esmero su hogar y pronto llegó Mariana, una niña luminosa. Después vino la noticia de un segundo embarazo, recibida con una mezcla de amor y miedo. Llamó a su amiga del alma —a quien llama su "ángel"— y, entre lágrimas, escuchó una frase que marcaría su historia: "Usted no puede perder su esencia". La vida le dio la razón a esa frase… a través de una prueba brutal.

Años después, un domingo cualquiera, la familia iba en carro a un matrimonio. En medio del trayecto, Mariana pidió sentarse en el regazo de su mamá para abrazarla.

17 Ana Isabel Corral Cuartas es directora general de la plataforma de subastas inmobiliarias por Internet más sólida y segura de Colombia. Conozca su trabajo en http://www.subasta.la

—Mami, te quiero muchísimo —le dijo.

—Yo también te quiero muchísimo —respondió Ana.

Se abrazaron fuerte. Segundos después, un bus escolar conducido por un hombre ebrio embistió el vehículo. Mariana no sobrevivió. Ana despertó días después en una clínica. El cuerpo estaba vivo; el alma, hecha pedazos.

En ese abismo, su ángel la invitó a un viaje, lejos de todo. Frente al mar, con el ruido de las olas como telón de fondo, Ana empezó a repasar sus conversaciones internas. Pensó en su abuela —generosa y bondadosa sin tener dinero—, en su padre —sencillo, valiente ante la enfermedad— y en Mariana. Entendió que ellos tres formaban una "tríada espiritual" que la acompañaba: tres voces que, en silencio, le daban claridad cuando el miedo gritaba demasiado fuerte.

Y entonces vino lo que para otros habría sido un accidente en el *jacuzzi*. Alojada en un hotel, autoexiliada, vio una tina llena de llaves y botones. Por curiosidad, abrió todo sin pensar en llenar primero la tina de agua. Los chorros explotaron con fuerza, el baño se inundó, el agua salpicó techo y paredes. Pero la vida, que encuentra sus caminos, hizo que Ana no viera en ese caos un motivo para entrar en pánico. Ana se echó a reír.

Laura, su hija menor, se unió al juego. Saltaron en los charcos como dos niñas. Ese instante, mojado y caótico, fue un pequeño renacer: la comprobación de que todavía podía reír en medio del dolor y el despertar de una alegría que parecía perdida tras despedir a Mariana.

De vuelta a casa no la esperaba un cuento de hadas. Le robaron el carro y las maletas; luego entraron a su casa y se llevaron objetos de valor y su argolla de matrimonio. Además, el país atravesaba una época de bombas, secuestros y recesión. Cualquiera habría dicho "no más, me rindo", pero Ana eligió otra lectura: si hay dificultad, también hay oportunidad. La acción genera reacción y el camino se descubre andando.

Con un solo número de teléfono en la mano, cruzó el océano para tocar la puerta de antiguos contactos. Una cita de quince minutos con un directivo inmobiliario —casi cancelada por el costo del tren para llegar a verlo, que pagó con lo último que le quedaba en el bolsillo— terminó en horas de conversación y en una alianza internacional para desarrollar subastas masivas de inmuebles en su país.

De vuelta en Colombia y con una oficina montada en la antigua habitación de sus hijas, sin lujos y con muchos miedos, decidió soltar a un socio "con plata y club" para quedarse con algo más frágil, pero mucho más poderoso: un proyecto sostenido por confianza, ética y trabajo duro.

Los años siguientes fueron intensos: jornadas eternas, alianzas con medios, rompimiento de paradigmas, golpes bajos de la competencia, momentos en los que lo perdió casi todo.

Pero Ana descubrió que la falta de dinero despierta la creatividad y que, cuando uno no se rinde, siempre hay otra forma de intentar.

Hoy podría hablar solo de viajes, de la educación que pudo darle a su hija, de la estabilidad y prosperidad que construyó para toda su familia. Sin embargo, su verdadero orgullo está en otra parte: en haber transformado la tragedia en motor de servicio y ejemplo.

Si Ana pudiera hablarte al oído y tomarse contigo un café, quizá diría algo como esto: "No subestimes tus conversaciones internas. En el silencio, cuando nadie te ve, es donde decides si te quedas en el suelo o te levantas una vez más. Yo fui una mujer obediente que un día decidió romperlo todo y arriesgarse. No fui 'valiente de fábrica'; aprendí a serlo practicando".

En su vida, la frase "la tercera es la vencida" se amplió: tercera, cuarta, quinta… las veces que haga falta hasta lograrlo.

Su historia no es solo la de una empresaria exitosa, sino la de alguien que aprendió a bailar bajo la tormenta, acompañada por su tríada de amor, a quienes espera encontrar cuando llegue su momento de cruzar al otro lado.

La historia de Yipsel Bello: cuando el camino no es inmobiliario, sino solidario[18]

Si las historias de Nixon y Ana le hablan de dinero, negocios y decisiones valientes asociadas a emprender o crecer en el sector inmobiliario, la historia de Yipsel le mostrará algo igual de importante: no todos los caminos conducen a un negocio inmobiliario.

Hay destinos que pasan por el servicio desinteresado, por la solidaridad, por estar al lado de quienes sufren. También en este camino es fundamental comprender, desde la experiencia, el dolor humano. ¿Por qué hemos decidido incluir esta historia? Porque, si este libro llegó a sus manos y su lectura le inspiró algo distinto, si encontró una motivación que no es inmobiliaria, está bien que sea así, si eso es lo que hace vibrar su corazón.

El sueño de Yipsel se llamó María José. Y fue un sueño que soñó dos veces. Su hija llegó al mundo después de un

18 Es una emprendedora social y conferencista, fundadora de "María José, Pequeños y Grandes Héroes", organización que ayuda a la niñez y a sus familias ante diagnósticos de cáncer infantil. Sabemos que usted también puede ayudar. Conozca cómo hacerlo en http://www.fundacionmariajose.org.

proceso de fertilidad lleno de esperanza. Durante dieciséis meses, llenó la casa de risas, fotos y desorden. En resumen, un hermoso caos.

A pesar de los esmerados cuidados de sus padres, aparecieron síntomas extraños: cansancio, fiebres, exámenes, hospitalizaciones. Después de cuarenta y cinco días de incertidumbre, llegó la palabra que ningún padre quiere escuchar: cáncer infantil. A los veintiocho meses, con la vida por delante, María José falleció.

No hay manual para atravesar un dolor así. Al principio, Yipsel fue una madre rota, que intentaba entender cómo seguir respirando. Sin embargo, en medio de su propio duelo, empezó a notar algo más: las otras familias del hospital, los niños que seguían luchando, los padres que no tenían cómo pagar un transporte o una canasta básica y que se debatían entre acudir al tratamiento o comprar comida.

En medio de un proceso tan doloroso, Yipsel se sentía bendecida por Dios, pues su pequeña contaba con un papá, una mamá y una familia entera que la acompañaba y sostenía. María José contó con todas las ayudas y con todos los recursos médicos, económicos y emocionales. Nunca le faltaron los juguetes; su habitación de hospital recreaba una casa acogedora. Era bendecida porque no le faltaba nada. Sus padres tenían los recursos para cubrir lo necesario y más. Al mismo tiempo, veían de cerca cómo otras familias a su alrededor, con niños y niñas enfermos, no los tenían y luchaban como podían, en soledad y con escasez. Era el mismo drama, pero en contextos muy distintos, lo que evidenciaba una necesidad social profunda y marcada. En medio de su dolor, y con una conciencia creciente de empatía hacia quienes no tenían nada, su historia se transformó: en un corazón roto comenzó a germinar una misión.

Ese vacío que nada llena se convirtió en una inquietud del alma que, en el silencio, repetía la misma pregunta: ¿qué hago con todo este dolor? Me duele la partida de María José, pero no dejo de pensar en los niños y las niñas que aún luchan y en sus familias, que no cuentan con los recursos necesarios para hacerlo con dignidad.

Ese silencio que grita en el interior y que, a pesar del esfuerzo, no se acalla fue algo con lo que aprendió a convivir. Un día, al mirarlo de frente, tuvo que tomar una decisión: podía encerrarlo o podía transformarlo. Eligió lo segundo.

Ese mismo año nació la Fundación María José, Pequeños y Grandes Héroes. No fue un "proyecto social bonito"; fue la forma que encontró de seguir siendo mamá de su hija, de no dejar que el paso de los años cerrara en el olvido el breve tiempo en que la disfrutó. Decidió sentirla siempre a su lado ayudando a otros niños y a sus padres a luchar de una mejor manera, con más apoyo, con consideración y respeto y, sobre todo, con admiración por la lucha silenciosa de quienes acompañan de forma incondicional sin poder luchar por el otro.

Los retos fueron enormes: aprender a manejar su duelo mientras se acercaba a otros dolores; conseguir recursos para una fundación sin capital; convencer a hospitales, empresas y padrinos de apoyar una causa que no genera utilidades, pero sí deja huella.

Con el tiempo, la fundación se convirtió en una red de apoyo: ayuda económica, acompañamiento psicosocial, transporte, mercados y programas de juego diseñados para explicar los tratamientos sin tanto miedo.

Yipsel descubrió, desde su dolor, una clave fundamental: cuando un niño está en tratamiento, sus padres también son pacientes. Si ellos colapsan, el niño se queda sin su principal sostén. Por eso, la fundación no solo entrega ayudas; también sostiene emocionalmente. Les recuerda que, aunque estén agotados, no están solos.

Hoy la fundación acompaña a cientos de familias. Organiza congresos, sensibiliza al sistema de salud, busca padrinos y diseña programas orientados a reducir el abandono del tratamiento. Todo ello nació de un amor que parecía haber sido "interrumpido" y que, en realidad, solo cambió de forma.

Yipsel no se define como empresaria, aunque dirige una organización compleja. Se define como mamá de María José, al servicio de otros niños. Su éxito no se mide en metros cuadrados vendidos, inmuebles en el portafolio o comisiones facturadas; se mide en tratamientos que no se abandonan, en familias que toman aliento a su lado y que respiran aliviadas cuando llega una ayuda, porque cada pequeño avance de sus hijos se convierte en un motivo para sonreír en medio del hospital.

Si está leyendo este libro y siente que su destino no está en vender inmuebles, sino en curar, educar, acompañar o cuidar, hágalo. Recuerde este libro con cariño y recuerde que la historia de Yipsel le da permiso.

No todo corazón fuerte tiene que ser un corazón inmobiliario; algunos son corazones inquietos que optan por construir con ladrillos solidarios, que también levantan un gran patrimonio: el tejido humano. Quizá sus palabras, traducidas en consejo, sonarían así: "No todos nacemos para el mismo tipo de negocio. Lo importante es ser honestos con la propia voz interna. Si su camino es servir, no importa desde qué lugar: sígalo. Pero hágalo en serio, con estructura, con disciplina y con la misma rigurosidad que se le exige a cualquier empresa". El amor sin estructura se agota. El amor organizado, en cambio, se multiplica.

Así termina este capítulo. Tres historias, tres rutas distintas —algunas indiscretas, otras más prudentes— y, en cada una de ellas, esa conversación profunda que trae claridad en medio del silencio y da valor para atreverse.

Gracias a quienes soñaron y lucharon antes y hoy son testimonio vivo de que la vida se transforma cuando se decide actuar.

No se trata de copiar el camino de otra persona, sino de descubrir el suyo, escucharlo en el silencio y caminarlo con decisión, propósito y servicio.

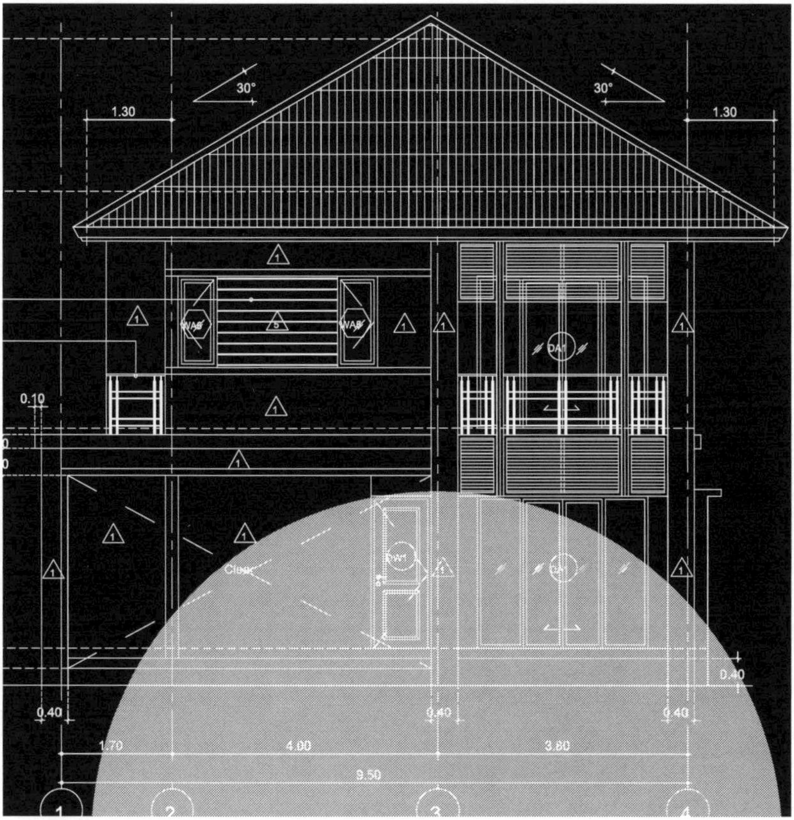

Nunca dejes de perseguir un sueño solo por el tiempo que te tomará realizarlo. El tiempo pasará de todas maneras.

—Earl Nightingale

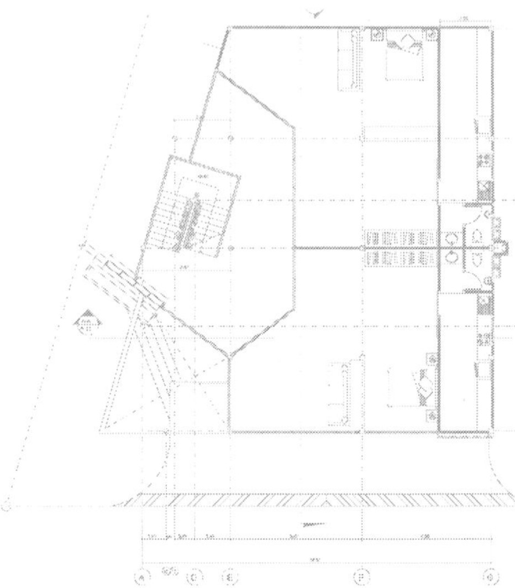

CAPÍTULO 23

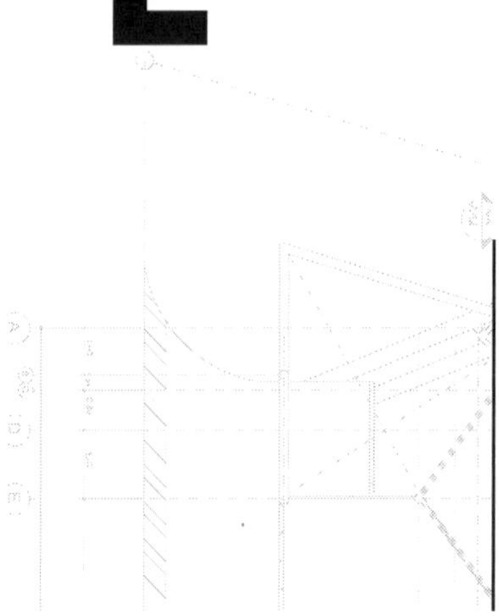

El legado para las siguientes generaciones

Este es un capítulo de profunda responsabilidad amorosa para los suyos, para su familia, cualquiera que sea la forma en que la componga. Aquí encontrará que la verdadera maestría inmobiliaria no termina con la compra de un bien ni con la realización de inversiones en finca raíz, sino con la arquitectura de un plan que permita que su esfuerzo trascienda y se convierta en ayuda y motor para otros cuando su corazón se apague.

Hay un momento del que casi nadie quiere hablar cuando empieza a invertir: el día en que el corazón se apaga. Ese día usted no está para explicar por qué compró ese inmueble, qué planes tenía con el local de la esquina, cómo quería que se manejara la casa del pueblo donde se crio o qué esperaba que pasara con la inmobiliaria que levantó con tanto esfuerzo. Si nada quedó dicho ni escrito, la familia hereda solo ladrillos... no recibe el legado de continuar y mejorar un proyecto que cuente una historia a través del tiempo, que trascienda, que cuide y proteja.

Este capítulo existe para lo contrario: para que su corazón inmobiliario pueda seguir latiendo con claridad y fuerza a pesar de la ausencia; para que, en las siguientes generaciones, se conserve y crezca con orden, sentido y herramientas concretas.

La primera idea es sencilla y poderosa: este libro también puede ser parte del legado. No solo como objeto, sino como conversación. Puede leerlo en pareja, con los hijos, con los sobrinos, con los padres, con los abuelos y con los amigos —esa nueva forma de familia—. Subraye, deje notas, pegue *post-its* donde quiera que vuelvan cuando usted ya no esté. Puede dejar por escrito: "así pensaba yo las cosas, así entendía el riesgo, así imaginaba el futuro de estos inmuebles".

Este libro es la excusa para que les cuente que también existen mecanismos jurídicos específicos para que ese legado no dependa solo de la memoria de quienes escucharon, sino que quede documentado, protegido y organizado. Las siguientes líneas darían para un libro entero, pero funcionan como un abrebocas a las posibilidades.

En el nivel más básico, puede optar por una planeación patrimonial sencilla: decidir, con tiempo, qué bienes quiere que pasen a quién y en qué condiciones. Aquí entran figuras conocidas como el testamento, las donaciones en vida, la distribución patrimonial antes de la muerte y la forma en que se organiza, desde la compra, la titularidad de los inmuebles.

Un testamento permite dejar instrucciones claras sobre el destino de los bienes después de la muerte, siempre respetando que en Colombia, y en casi todos los países, existen herederos con derecho a una parte mínima del patrimonio. Las donaciones en vida permiten entregar ciertos inmuebles antes de morir, a veces condicionando su uso o manteniendo para quien entrega ciertos derechos, como seguir usando o habitando el bien mientras esté vivo.

Existen decisiones simples —como definir si la vivienda familiar estará a nombre de una sola persona, de la pareja o en proindiviso[19] con los hijos— que ya forman parte de la conversación sobre el legado.

En un nivel intermedio, cuando el patrimonio debe apalancar una transición generacional, aparecen figuras que ayudan a convertir los bienes inmuebles en ingresos estables y, al mismo tiempo, a preservar el capital para quienes continúan después. La renta vitalicia es un buen ejemplo.

En palabras simples, funciona de la siguiente manera: el recurso es el inmueble mismo —la casa en la que usted vive—, pero lo necesita para ocuparlo aun cuando su sostenimiento puede ser costoso. Usted celebra con un interesado en comprar (inversionista) un contrato de *renta vitalicia*. A partir de ese momento y mientras viva, recibe un ingreso mensual fijo, a manera de pago anticipado o compra a plazo. Para su familia, esto significa previsibilidad: no tendrán que improvisar con sus propios recursos para resolver su sostenimiento. Cuando usted no esté, ese pagador mensual se convierte en propietario.

Esta figura es común en Estados Unidos y, en los años recientes, ha tomado fuerza en países como el nuestro. Es una forma de ordenar el flujo del dinero cuando su energía ya no es la misma, sin endeudar por su cuidado a quienes le sobrevivan.

Otra herramienta es el *encargo fiduciario* o la *fiducia civil*. En este caso, usted decide transferir la propiedad a otra persona —natural o jurídica—, pero dispone una condición que se concreta cuando usted muere. Por ejemplo, entregarla a alguien más, distribuir la titularidad entre varios beneficiarios o configurar un propietario definitivo. Con este acuerdo, usted no está regalando la propiedad —como ocurre con la donación—, sino transfiriéndola con el encargo de cumplir

19 Proindiviso: es una forma técnica de decir que un bien pertenece en comunidad a varias personas, sin que se pueda separar claramente la parte que corresponde a cada una. Es un *todo que pertenece, en su totalidad, a todos.*

una gestión, a la manera de un *mandato*, ya visto en la segunda parte de este libro.

La *fiducia mercantil* da un paso más allá. En ella sí se transfiere la propiedad de los bienes a la sociedad fiduciaria, sin condición alguna, no para que se quede con ellos, sino para que los mantenga "separados" del resto de su patrimonio y los destine a las finalidades previamente definidas. Puede pensar esta figura como una caja fuerte jurídica donde guarda ciertos inmuebles o recursos, y donde deja escrito cuándo, cómo y a quién deben entregarse.

Puede establecer, por ejemplo, que sus nietos solo reciban directamente un inmueble cuando cumplan cierta edad o cuando terminen sus estudios; que una parte del patrimonio quede protegida para una hija con discapacidad; o que una casa nunca pueda ser vendida, sino arrendada y mantenida como fuente de ingresos. En el contexto inmobiliario, estas fiducias se convierten en verdaderos puentes entre generaciones: permiten que el patrimonio no se agote en la primera sucesión y que existan reglas claras para su uso, sin necesidad de distribuirlo de inmediato.

Todo esto debe convivir con una realidad: en Colombia no se puede disponer libremente de todo el patrimonio cuando existen herederos forzosos. Parte de los bienes está "reservada" para descendientes, ascendientes o cónyuge. Esto no es un obstáculo, sino un marco dentro del cual se puede diseñar un plan coherente, si se sabe leer y trabajar con él.

En un nivel avanzado, puede pensar en crear una sociedad o redactar un manual detallado de funciones, denominado *protocolo de familia*. En este tipo de modelos pueden definirse regulaciones más precisas para la gestión del patrimonio, entrelazadas con los valores familiares. Por ejemplo, puede disponerse que los arriendos de ciertos bienes se destinen a la educación de los nietos, al sostenimiento de la pareja sobreviviente o al mantenimiento de una casa de descanso familiar en condiciones dignas.

Pueden crearse modelos en los que, ante su ausencia, se automaticen procesos como el cobro de cánones, el pago de impuestos y gastos, o la distribución de excedentes, todo de acuerdo con lo que usted dejó pactado y organizado. Para una familia que, de pronto, se enfrenta a la ausencia de la persona que llevaba las cuentas, esto representa un alivio enorme: no tiene que aprender de la noche a la mañana a administrar un patrimonio inmobiliario y puede transitar el duelo con mayor tranquilidad, porque ya existe un guion, cuidado y experto. Escribirlo puede ser su mejor legado. La planeación patrimonial inmobiliaria no consiste en "saltarse" la ley, sino en utilizar las herramientas existentes para dar estabilidad y sentido a *un patrimonio familiar*. Ese protocolo no es solo una carta de intenciones: muchas de sus reglas pueden incorporarse a los estatutos de las empresas o replicarse en *acuerdos entre accionistas*, de modo que adquieran fuerza jurídica.

Los acuerdos de socios son la versión jurídica concreta de estos pactos. En ellos se define, por ejemplo, que antes de vender acciones a terceros deben ofrecerse primero a la familia; que ciertas decisiones requieren mayorías cualificadas y no solo la suma de porcentajes; que la empresa no puede utilizarse como caja menor personal, o que el voto en las asambleas debe seguir criterios previamente establecidos. En una inmobiliaria familiar, estos acuerdos pueden marcar la diferencia entre una transición ordenada y años de conflictos.

Lo que hoy decide usted con cabeza fría puede evitar que mañana los hijos se enfrenten por quién manda, quién cobra o quién se siente excluido. Pensar en el día en que el corazón se apaga no es una invitación al miedo, sino a la responsabilidad amorosa. Si mañana usted no despertara, ¿qué pasaría con la casa en la que ha vivido tantos años?, ¿cómo terminaría su familia de pagar el inmueble que compró para arrendarlo?, ¿sería mejor vender el local en arriendo con el que sostuvo parte de los gastos familiares?

La familia es un pilar fundamental en muchas sociedades, como ocurre en la India, y debería serlo en el mundo entero. Más allá del romanticismo de la frase, el trasfondo es profundo: se trata de pensar en la *unidad* por encima del individuo. En esas culturas es común que varias generaciones vivan juntas o muy cerca, compartiendo espacios y presupuesto común.

No pretendemos nada de eso, pero sí que vea lo que esas tradiciones y esencia grita en silencio, se trata de comunidad, de ayudar, de cuidar, de coexistir... en ultimas, de compartir, pero solo puede compartir el que tiene algo para dar.

Cuando el corazón se apaga, lo único que queda en el mundo inmobiliario son contratos, escrituras, decisiones y recuerdos. No podemos controlar los recuerdos, pero sí podemos trabajar en las decisiones y organizar los papeles.

Tal vez la mejor forma de honrar todo lo que usted ha construido sea dejar que sus inmuebles y negocios no mueran con usted, sino que se transformen en un regalo claro, ordenado y amoroso para quienes continuarán construyendo, ladrillo a ladrillo, la historia que usted empezó.

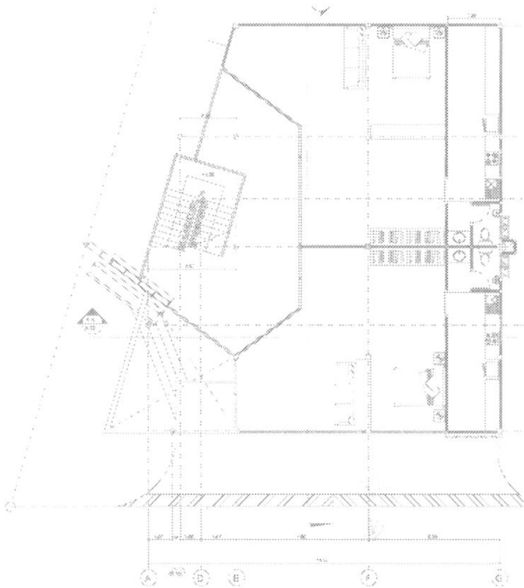

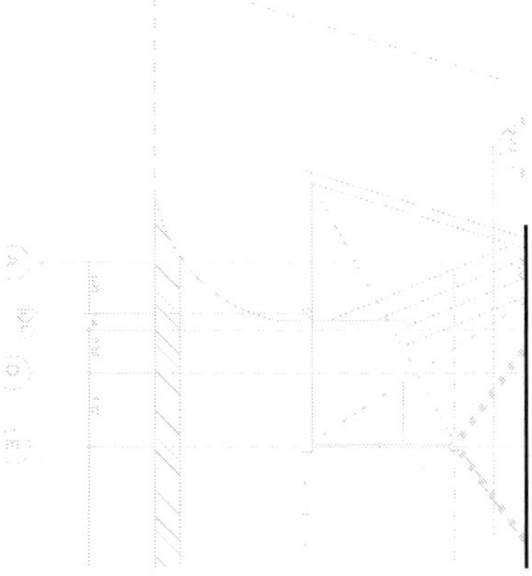

Conclusiones

Cuando abrió este libro quizá estaba cansado, escéptico o lleno de dudas. Tal vez buscaba una guía, una salida, un cómo… o simplemente obedeció a esa voz interna —pequeña, pero insistente— que le decía: hay algo más para usted. Hoy está aquí, al final, y eso ya es un cambio: no es la misma persona que comenzó a leerlo, días atrás. Dentro de usted germinó una semilla. Y las semillas siempre encuentran cómo abrirse paso, incluso cuando quien las lleva todavía no confía del todo en su propia tierra.

Este libro no se escribió para impresionarlo, sino para despertarlo. Para recordarle que la vida verdadera se construye con actos y no solo con deseos; con pasos, no solo con ideas; con aprendizajes aplicados y no con teorías acumuladas. Si leyó hasta aquí, ya tiene lo esencial: un poco más de claridad, algunas herramientas y, sobre todo, la decisión de mirarse de frente.

Tómese un momento —ahora mismo— para hacer silencio. Respire. Observe las conversaciones internas que aparecen cuando el ruido baja: las dudas que todavía le hablan desde el miedo, pero también las otras voces, más suaves, que le dicen "puedo", "merece la pena", "¿y si lo intento?". Esa pequeña meditación íntima es el lugar donde se decide todo. Lo que piensa cuando nadie lo ve, lo que se dice cuando nadie lo escucha, es el terreno donde su propósito echa raíz o se marchita.

Tal vez descubrió que quiere dedicarse al mundo inmobiliario. Tal vez confirmó que ya está en él, pero ahora con más sentido. Tal vez entendió que su camino es otro, totalmente distinto, y que aun así tiene herramientas para caminarlo con más seguridad, inteligencia y corazón. El propósito no siempre llega como una revelación brillante; muchas veces aparece como una incomodidad que no se apaga, como un susurro que insiste, como una certeza tranquila que le cambia el rumbo.

Este libro no vino a decirle cuál es su destino, sino a recordarle que tiene uno y que puede construirlo. Todo lo que ha aprendido aquí solo tiene poder si se convierte en acción. La acción es la frontera entre quienes se quedan en la queja y quienes transforman, entre quienes esperan y quienes se levantan.

A partir de hoy, cada cosa que sabe puede transformarse en algo que hace: llamar, preguntar, buscar, aprender, organizarse, servir, negociar, cuidarse, empezar. Su negocio, su proyecto o su nueva vida no nacen de un pensamiento brillante, sino de un primer paso —pequeño, concreto, imperfecto— que ya está en capacidad de dar.

No está solo en este viaje. Detrás de estas páginas hay personas reales, con historias reales, que han cometido errores, que han acertado y que han acompañado procesos parecidos al suyo. Queremos que sepa que puede buscar ayuda, hacer preguntas, compartir sus miedos y sus avances. Lo que aprendió aquí no es solo para usted: tiene el poder de volverse semilla en otros.

Cuando comparte lo que sabe, cuando ayuda a alguien a ver lo que todavía no alcanza a ver de sí mismo, se convierte en replicador de propósito. Por eso hablamos de comunidad. No está aprendiendo para aislarse, sino para pertenecer a una red de personas que quieren prosperar con integridad, hacer negocios que construyan vidas y no que las destruyan, avanzar con técnica y estrategia, jugando el juego con humanidad.

Si ha leído hasta aquí, ya sabe que una promesa de compraventa mal hecha puede complicar una venta; que un arriendo sin respaldo puede poner en riesgo un patrimonio; que un banco mal escogido puede asfixiar en lugar de impulsar. También sabe que una inversión hecha con método puede cambiar la vida de una familia humilde.

Ha llegado al final. Respire y apláudase en silencio: este logro no es menor. Este cierre es, en realidad, un comienzo. Ya sabe que puede aprender, que puede hacer, que puede responderle a la vida con algo más que resignación.

El conocimiento le da claridad. La claridad alimenta su disciplina. La disciplina, con el tiempo, se convierte en resultados, y los resultados, en una nueva historia que contar.

Cuando cierre este libro, no cierre la posibilidad. Llévela consigo. Hágase mejores preguntas. Trace un plan sencillo. Mueva una pieza, aunque sea pequeña. La vida tiende a recompensar a quienes se atreven a actuar.

Con todo nuestro corazón, para su corazón inmobiliario.

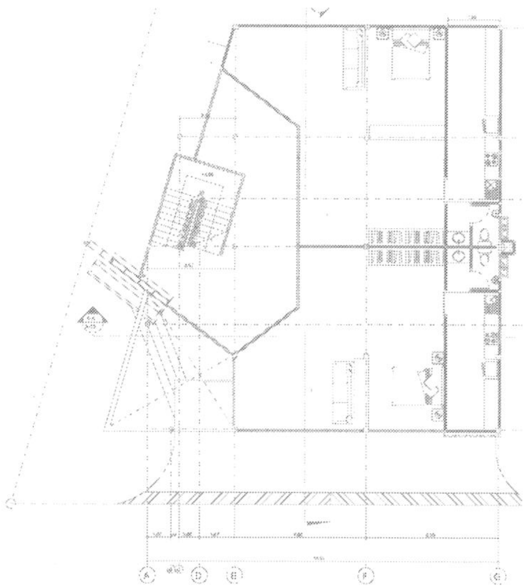

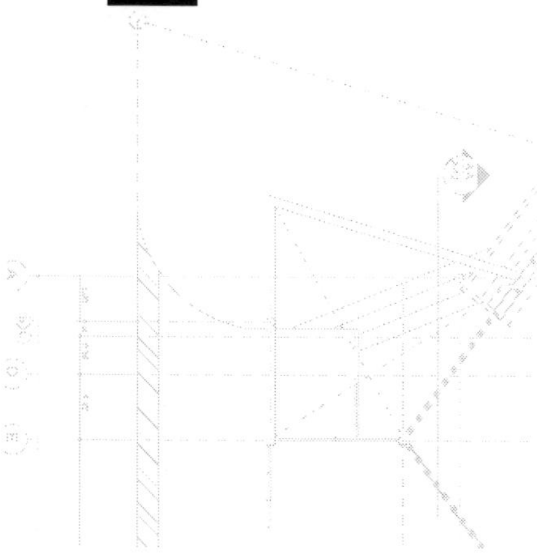

Apéndice: nunca pare de aprender

Lea. No importa cómo, no importa cuándo ni cuánto, pero nunca pare de leer.

Para inspirarse

- *Liderazgo monarca*, de Jenny Biviana Linares Nieto.
- *La magia del orden*, de Marie Kondo.
- *Todo pasa por algo*, de Mira Kirshenbaum.

Para aprender más del mundo financiero

- *El hombre más rico de Babilonia*, de George S. Clason.
- *Los 10 secretos de la riqueza abundante*, de Adam J. Jackson.
- *Prosperidad verdadera*, de Rav Berg.
- *Un inmueble al año no hace daño*, Carlos Devis.

Para ser un mejor profesional inmobiliario

- *Vendedores perros*, de Blair Singer.
- *Los seis sombreros del vendedor exitoso*, de Dave Kahle.
- *Seis pares de zapatos para la acción*, de Edward de Bono.

Para navegar en su mundo interior

- *La vocecita*, de Blair Singer.
- *Cómo perdonar cuando no sabes cómo hacerlo*, de Jacqui Bishop y Mary Grunte.
- *Lo que quiero para mi vida*, de Walter Dresel.
- *El rinoceronte*, de Alexander Scott

Para amarlo todo

- *París es siempre una buena idea*, de Nicolas Barreau.
- *Palabras para sanar*, de Rupi Kaur.

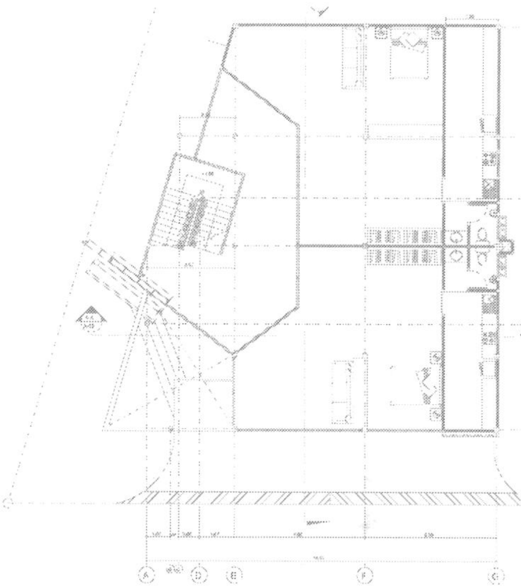

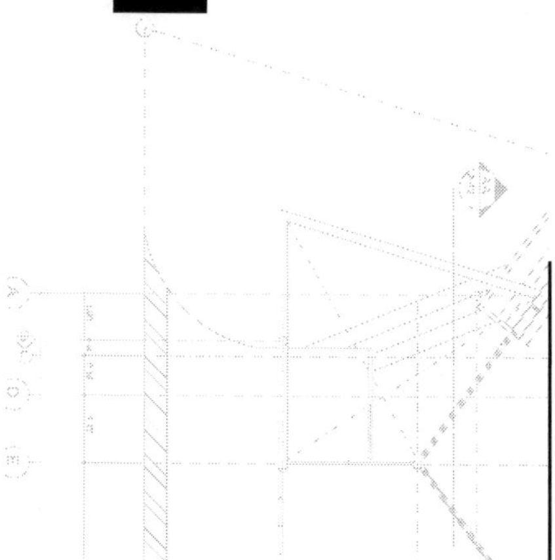

Bibliografía

Obras y documentos académicos o técnicos

Análisis financiero y de viabilidad de inversiones inmobiliarias en el contexto colombiano. (2021). Repositorio institucional, Universidad EAFIT.

Arras y cláusula penal: diferencias conceptuales y aplicación en el contrato de promesa. (2023). Doctrina legal y jurisprudencia colombiana sobre promesa de compraventa.

Auditoría y *due diligence* en la compra y venta de activos inmobiliarios. (2021). Manuales de auditoría y gestión de riesgos empresariales.

El impacto de la gestión del conocimiento en la productividad y competitividad de las empresas inmobiliarias de Colombia. (2022). *Revista académica*, Universidad del Rosario.

La innovación abierta como estrategia de crecimiento en el sector inmobiliario en Colombia. (2023). Universidad de La Salle. Tesis de maestría.

La jerga profesional del corretaje inmobiliario y su incidencia en la comunicación con el cliente. (2019). Revistas académicas de administración y marketing.

La responsabilidad del corredor inmobiliario ante el cliente y terceros. (2022). Tesis y artículos sobre responsabilidad civil contractual.

Marketing digital inmobiliario y estrategias de venta en el entorno colombiano. (2023). Publicaciones universitarias en marketing y administración.

Neuroventas aplicadas al sector inmobiliario. (2021). Textos de capacitación y academias inmobiliarias con respaldo universitario.

Normativa, doctrina y jurisprudencia colombiana

Código Civil colombiano comentado. (2024). Textos legales universitarios.

Corte Suprema de Justicia de Colombia. (2021). Análisis jurisprudencial sobre mandato y corretaje inmobiliario.

Ley 675 de 2001. Régimen de propiedad horizontal en Colombia. Comentarios doctrinales. (s. f.).

Ley 820 de 2003. Régimen de arrendamiento de vivienda urbana en Colombia. Comentarios especializados. (s. f.).

Guías institucionales y publicaciones oficiales

Aspectos básicos de facturación electrónica y normativa contable para pymes inmobiliarias. (2022). Dirección de Impuestos y Aduanas Nacionales (DIAN); Consejo Técnico de la Contaduría Pública.

Aspectos tributarios del contrato de compraventa inmobiliaria (IVA, retención en la fuente). (2022). Publicaciones de la DIAN y consultorios contables universitarios.

Gestión de riesgos financieros en proyectos de construcción e inmobiliarios. (2020). Cámara Colombiana de la Construcción (CAMACOL).

Glosario de términos legales inmobiliarios en Colombia. (s. f.). Ministerio de Vivienda, Ciudad y Territorio.
Guía para la interpretación del certificado de tradición y libertad. (2024). Superintendencia de Notariado y Registro (SNR).
Régimen tributario para personas naturales y jurídicas del sector inmobiliario. (2024). Guías y cartillas de la DIAN y universidades colombianas.
Valoración de inmuebles urbanos y rurales en Colombia: guía técnica. (2023). Sociedad Colombiana de Avaluadores (SCA).

Documentos sectoriales y práctica profesional

Cláusulas de terminación unilateral y pactos comisorios en los contratos inmobiliarios. (2022). Estudios sobre autonomía de la voluntad contractual en Colombia.
El derecho a la comisión del corredor inmobiliario: requisitos y exigibilidad. (2023). Análisis jurisprudencial del contrato de corretaje en Colombia.
El estudio de títulos: aspectos esenciales y errores comunes. (2022). Publicaciones de notariado y registro; facultades de derecho.
Guía para la elaboración de contratos de exclusividad en la venta de bienes raíces. (2024). Firmas de abogados inmobiliarios con respaldo académico.
Modelos de cláusulas inmobiliarias para la protección del intermediario. (2023). Manuales de colegios inmobiliarios y cámaras de comercio.
Modelos de contrato de promesa de compraventa aprobados por notariado. (2021). Círculos notariales y colegios de abogados.

Nomenclatura, estratificación y usos del suelo: manual de interpretación para el sector. (2022). Secretarías de Planeación municipales y universidades.

Material gráfico

Infografías elaboradas por las autoras mediante Napkin Pro y Microsoft PowerPoint. Algunos gráficos corresponden a materiales utilizados previamente en contextos académicos y de aula.

En Editorial Monarca, la mariposa monarca es nuestra inspiración: un símbolo de grandeza, transformación y resiliencia. Así como este majestuoso ser emprende un viaje de metamorfosis y supera enormes desafíos para volar hacia nuevos horizontes, nuestros libros nacen con la misma esencia: *transformar vidas*.

Cada página cuenta una historia que impacta, inspira y deja huella, mientras seguimos cumpliendo nuestro propósito de transformar realidades en niños y jóvenes de nuestro país a través de Fundación Líderes Monarca. Gracias por ser parte de este vuelo hacia un futuro mejor.

Editorial Monarca
Transformando vidas, construyendo esperanza.

Made in the USA
Monee, IL
18 October 2026

66036564R10155